ECOSSE

Jack Altman

JPMGUIDES

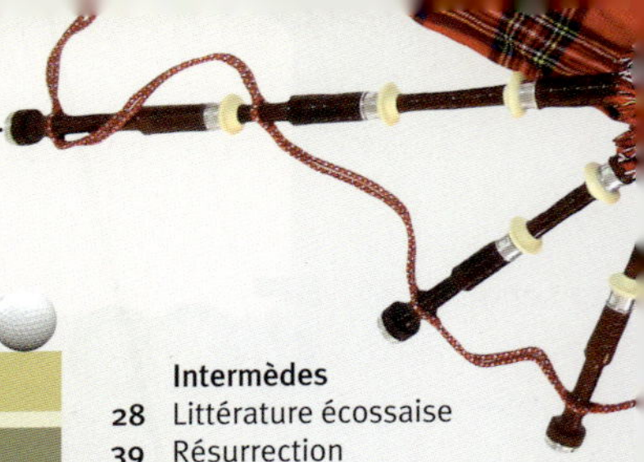

Culture et traditions

SOMMAIRE

Patrie du golf

Ruines évocatrices

Paysages superbes

CAP SUR L'ÉCOSSE

La beauté de ses paysages, la diversité de ses villes, la gentillesse de ses habitants vous feront vite oublier le temps qu'il peut faire... Si personne ne vient en Ecosse dans l'espoir de ramener un beau bronzage, la couleur vient pourtant vite aux joues de ceux qui parcourent ses grands espaces, à la rencontre des monuments du passé et de l'esprit puissamment indépendant des Ecossais.

Identité culturelle

L'identité culturelle écossaise est à l'image de son whisky: inimitable. L'Ecosse tisse un heureux patchwork de charmes légendaires et de réalités quotidiennes parfois plus dures. Tartans, haggis, cornemuses, parcours de golf et châteaux enveloppés par la brume des vallons, whisky bien sûr... le pays a tant à offrir en plus de ces clichés évocateurs. Les Ecossais eux-mêmes s'animent d'une volonté nouvelle, issue de leurs aspirations sans cesse renforcées à une autonomie sociale, économique et politique dans le cadre du Royaume-Uni... et au-delà.

Tour d'horizon

L'Ecosse est délimitée à l'ouest et au nord par l'océan Atlantique, à l'est par la mer du Nord et au sud par l'Angleterre. Un détroit large d'à peine 22 km sépare la péninsule de Kintyre de l'Irlande du Nord. Avec ses 78780 km², l'Ecosse représente plus d'un tiers de la superficie de la Grande-Bretagne pour seulement le douzième de ses habitants (environ 5 millions). A vol d'oiseau, la pointe du cap Wrath, tout au nord, est distante de 450 km de la zone la plus méridionale du Galloway. Au plus large, le territoire s'étire sur 250 km, mais ses estuaires (*firths*) et ses côtes profondément découpées font que la mer est rarement à plus de 70 km.

La région des Borders (Southern Uplands), étendue de la frontière anglaise jusqu'à Glasgow et Edimbourg, la capitale écossaise, est couverte de collines ondulantes aux pâturages verdoyants piquetés de moutons et de terres agricoles riches dans la vallée de la Tweed. Elle est la patrie du poète Robert Burns (XVIIIe) et de son contemporain, l'écrivain romantique Sir Walter Scott.

Les Central Lowlands («terres basses centrales») sont tout sauf monotones. Les collines s'amoncelant en direction du pays des châteaux – où prédominent *glens* (vallées) aux pentes raides, montagnes, forêts et *lochs* (lacs) des Trossachs. Sur la côte est se dispersent des villages de pêcheurs, des stations balnéaires et la ville universitaire de St Andrews, réputée pour ses golfs. A l'ouest, le littoral atlantique de l'Argyll décline paysages époustouflants et superbes jardins subtropicaux.

Le North-East (nord-est) s'étire des cités industrielles de Dundee et Aberdeen aux monts Grampian, à travers le «pays du whisky». C'est ici que l'on trouve le Ben Nevis, point culminant de la Grande-Bretagne (1343 m).

Les Highlands («hautes terres») se matérialisent au-delà de la ligne de fracture du Great Glen – qui s'étire entre Fort William au sud-ouest et Inverness au nord-est – révélée par une enfilade de lochs. Le plateau a été érodé lors de la période glaciaire, dessinant vallées profondes et pics montagneux. Les côtes sont très différentes: prairies verdoyantes et bois s'imposent à l'est, tandis que le nord solitaire se fait davantage sauvage et venteux. A l'ouest alternent promontoires rocheux et paisibles criques sablonneuses.

La faune comprend renards, cerfs rouges, blaireaux et loutres – ainsi que phoques gris, dauphins et marsouins dans l'Atlantique et en mer du Nord. Les chasseurs recherchent faisans et lagopèdes d'Ecosse (la célèbre grouse), mais les amoureux des oiseaux leur préfèrent aigles dorés, balbuzards, buses, faucons pèlerins et oiseaux marins – fous de Bassan, guillemots, ils sont des milliers le long des côtes.

Les îles

Les îles écossaises se divisent en trois groupes principaux. Les Hébrides extérieures (Western Isles – «îles de l'Ouest») sont nues et plutôt hostiles, mais elles révèlent aussi de belles plages de sable.

Plus proches des côtes, les Hébrides intérieures incluent notamment l'île de Skye, renommée pour les monts Cuillin et des paysages impressionnants, ainsi que les îles de Mull, Iona et Islay.

Le troisième ensemble est formé par les Orcades (Orkney Islands) et les Shetland, ancrées au nord de l'Ecosse, à l'approche du cercle polaire. Si différents du continent, mais aussi l'un de l'autre, ces deux archipels s'apparentent plus volontiers à l'ensemble scandinave, tant par leur milieu que par leur caractère.

Les Ecossais

Chaque rencontre avec les Ecossais, si chaleureux et généreux, pose la question de l'origine de leur réputation d'avaricieux... La fierté nationale s'étant renforcée ces dernières années, l'anglais que l'on parle en Ecosse prend souvent des pointes d'accent plus marquées qu'auparavant. L'écossais, un dialecte anglo-saxon associé à Robert Burns, est parlé au sud et au nord-est. Le gaélique, une langue celtique amenée d'Irlande, fait un retour marqué dans les Hébrides, à l'ouest des Highlands, ainsi qu'à Glasgow.

Les villes

Siège du nouveau Parlement, la capitale, Edimbourg, se fait le digne porte-parole de l'identité nationale écossaise avec ses musées des Beaux-Arts, ses théâtres et son université. Longtemps perçue comme un monstre industriel froid, Glasgow, la plus grande ville d'Ecosse, connaît un nouvel essor depuis les années 1990. Aujourd'hui grand centre culturel, elle s'enorgueillit de bâtiments XIXe et Art Nouveau superbement restaurés, de galeries d'art en vogue, de salles de théâtre, d'opéra et de concert. Sur la côte nord-est, Aberdeen la granitique profite des joies de la modernité grâce à la manne pétrolière de la mer du Nord.

istockphoto.com/Webley

Pictures Colour Library

Bienvenue en Ecosse! Ici, il n'est pas rare de croiser des moutons – le pays en compte deux fois plus que d'habitants.

L'Eilean Donan Castle, au bord du loch Duich, fut fondé pour contrer les Vikings.

Pictures Colour Library

SCÈNES DU PASSÉ

Le promontoire du château d'Edimbourg est idéal pour regarder défiler l'histoire de l'Ecosse. Né de soubresauts volcaniques il y a 70 millions d'années, il a vu sa roche la plus tendre érodée à l'époque glaciaire, pour ne plus laisser apparaître que l'épave de basalte noir et dur sur lequel la forteresse fut un jour édifiée.

En contrebas, vers 7000 avant J.-C., chasseurs et pêcheurs celtes de l'âge de pierre transitent vers l'ouest en suivant les rives du Firth of Forth. Vers 1500 avant J.-C., les premières communautés agricoles s'implantent. A partir de 850 avant J.-C., les tribus fortifient les éperons naturels comme celui d'Edimbourg pour repousser les maraudeurs. Au Ier siècle, les Votadini, un peuple celte, voient passer au pied de leurs parapets des légions romaines parties soumettre des tribus belliqueuses plus au nord.

Les premiers peuples d'Ecosse

César envahit la Grande-Bretagne en 55 et 54 avant J.-C. mais ne remonte pas jusqu'en Ecosse. Ce n'est qu'en l'an 80 que les troupes romaines du général Agricola traversent la vallée de la Tweed jusqu'au Forth. A la bataille de Mons Graupius (83), dans les monts Grampian, elles écrasent la tribu des Calédoniens – dont le nom est néanmoins donné par les Romains au territoire. L'historien Tacite, beau-fils d'Agricola, décrit les pillages, meurtres et viols commis par les Romains, ajoutant: «Partout où ils anéantissent la vie, ils parlent de paix».

Agricola est rappelé à Rome avant de pouvoir achever la conquête de l'Ecosse. Ses successeurs se contentent d'étayer ses acquis en élevant en 121 le mur d'Hadrien à travers le nord de l'Angleterre, entre le golfe de Solway et la Tyne. Vingt ans plus tard et 160 km plus au nord, le mur d'Antoine est bâti sur 60 km entre la rivière Clyde et le Firth of Forth. Au-delà vivent les Pictes dont le nom («peint») est peut-être dû à des tatouages corporels.

Après l'abandon de la Grande-Bretagne par les Romains au Ve siècle, l'Ecosse est divisée entre quatre peuples distincts. Les Pictes occupent le nord des High-

istockphoto.com/lsensee

Les menhirs de Callanish auraient entre 3000 et 4000 ans.

lands et le nord-est. Des Anglo-Saxons remontent le long de la côte sud-est vers le Lothian et jusqu'à la rivière Forth. Des Bretons s'installent dans la région du Strathclyde, au sud-ouest, et les Ecossais gaéliques (*Scotti* pour les Romains), venus d'Irlande, occupent les Hébrides extérieures et l'Argyll – dont le nom, *Argael*, signifie «Irlandais de l'Est».

La naissance d'une identité nationale

Principale force évangélisatrice du pays, les immigrants irlandais vont permettre d'entamer le processus d'unification des peuples rivaux et d'émergence de la nation sous la bannière «écossaise». Au VIe siècle, l'abbé Colmcille (saint Columba) édifie un monastère sur l'île occidentale d'Iona, d'où la nouvelle foi rayonne vers le cœur de l'Ecosse. Avant cela, une mission avait atteint le pays des Bretons du Strathclyde sous l'égide de saint Ninian – auquel succède saint Kentigern (dit aussi «Mungo»), fondateur de l'église de Glasgow. Malgré des débuts conflictuels, l'Eglise celte, traditionaliste et ascétique, se soumet à Rome.

Religion et langue gaélique, introduites par un nombre croissant de colons écossais, gagnent le cœur du territoire picte, affaibli par les raids vikings des VIIIe et IXe siècles. En 843, Kenneth MacAlpin, seigneur écossais de Kintyre, est fait roi des Pictes et des Ecossais dans l'église de Scone (juste au nord de l'actuel Perth), où se trouve la Pierre de la Destinée amenée d'Irlande. Vers le milieu du XIe siècle, ses descendants ont imposé leur volonté à la majeure partie de l'Ecosse actuelle – une unification bâtie par la force des armes, les mariages et... les querelles dynastiques (mettant en scène le célèbre Macbeth!). Seules les îles font exception: à partir du IXe siècle, les Vikings se sont en effet établis aux Orcades, aux Shetland et dans les Hébrides extérieures et sont confirmés dans leurs droits par traité en 1098. En renforçant les frontières sud du Strathclyde et du Lothian, les successeurs de Macbeth (Malcolm III et ses fils Edgar, Alexandre et David) entraînent l'arrivée de lords anglo-normands et une vague allégeance au souverain anglais.

Sous David Ier (1124–1153), l'instabilité due aux querelles entre clans celtes écossais est en partie corrigée par l'introduction d'éléments du système féodal anglais. Le roi distribue des terres parmi les plus importantes aux familles de l'aristocratie anglo-normande au contact de laquelle il a été éduqué – les Fraser, Bruce, Haig et Stewart. Il nomme aussi des Anglo-normands à la tête de nouveaux évêchés écossais, parmi lesquels Glasgow, Caithness et Aberdeen, et fonde plusieurs monastères. Le pays est administré par l'intermédiaire de shérifs, de juges et de gouverneurs installés dans des châteaux royaux, que le monarque visite selon un système de rotation. Il fait frapper la première monnaie écossaise et favorise le commerce à Edimbourg, Stirling et Berwick en leur concédant le statut de «villes royales». L'anglais et le normand progressent au-delà du Forth vers les basses terres centrales, forçant le gaélique à se replier dans les Highlands celtes.

Braveheart contre les Anglais

Pendant 140 ans après la mort de David, les rois écossais s'ingénient à pondérer les ambitions de leurs voisins anglais. En 1266, Alexandre III reprend les Hébrides aux Norvégiens. Mais sa mort (1286) laisse le trône vacant. Six

«Le beau est laid, le laid est beau». Quoi qu'ait pu affirmer Shakespeare, Macbeth, roi des Ecossais de 1040 à 1057, n'était pas un si mauvais bougre. Les Ecossais ne choisissaient pas leurs rois par primogéniture; Macbeth avait donc autant de raisons de prétendre au trône de son oncle Malcolm II que le petit-fils de celui-ci, Duncan – qui s'en empara le premier. C'est sur un champ de bataille proche d'Elgin que Macbeth tua son rival et non au fond d'un lit à Glamis – comme le dit Shakespeare. Bien que seuls deux des neufs monarques qui l'avaient précédé aient eu une mort naturelle, Macbeth se trouva assez confiant pour faire un pèlerinage à Rome, où «il distribua sans restriction l'argent aux pauvres». Son meurtre par le futur Malcolm III lors d'une bataille ne fut possible que grâce à l'aide anglaise. Contrairement à celui décrit par Shakespeare, le Macbeth historique était un roi respecté, incarnant la paix et la stabilité.

ans plus tard, le roi d'Angleterre Edouard Ier parvient à placer sur le trône écossais un successeur accommodant, John Balliol, un noble d'origine française qui paie pleinement allégeance à la couronne anglaise. Pourtant, soumis à des exigences confinant au mépris, Balliol s'allie aux Français et envahit le nord de l'Angleterre (1296). Edouard gagne alors son surnom de «Marteau des Ecossais» en organisant une invasion massive qui annihile toute résistance. Avec le soutien de nobles écossais comme Robert Bruce (ennemi juré de Balliol), les Anglais détruisent Berwick, alors la ville la plus riche d'Ecosse, écrasent les forces loyalistes à Dunbar et s'emparent d'Edimbourg, Stirling, Perth et Elgin. Parachevant l'humiliation, Edouard fait emmener en Angleterre la Pierre de la Destinée, sur laquelle étaient couronnés les rois écossais, et fait enfermer Balliol à la tour de Londres. Les affaires écossaises sont confiées au comte de Surrey, fait vice-roi pour l'occasion.

Très attaché au confort de son domaine du Yorkshire, le comte néglige de se rendre en Ecosse, même lorsque William Wallace, l'un des grands héros nationaux écossais, assassine le shérif anglais de Lanark en mai 1297, déclenchant la rébellion. Rendu célèbre par le film de Mel Gibson *Braveheart*, Wallace est issu d'une famille de propriétaires terriens respectés. Repoussé par les lords écossais, qui ont prudemment payé allégeance à Edouard, il constitue une armée de bric et de broc qui mène des raids éclairs depuis les profondeurs de la forêt de Selkirk. Ce n'est qu'après avoir été rejointe par les hommes d'Andrew Murray, venus du nord, qu'elle cesse d'éviter les batailles rangées. L'avancée de Wallace sur Stirling et la rivière Forth oblige le comte de Surrey à gagner son vice-royaume. Les Ecossais fondent depuis les collines environnantes sur le pont de Stirling; cernés, les Anglais perdent 5000 fantassins et 100 cavaliers.

Sa victoire vaut à Wallace le titre de chevalier et de Gardien du Royaume. Mais ses efforts d'unification du pays sont entravés par les nobles écossais, dont Robert Bruce. De retour de France, Edouard Ier bat l'armée insurgée à Falkirk en juillet 1298. Sept ans plus tard, Wallace est arrêté, pendu, éviscéré et écartelé. C'est alors que Bruce se retourne contre Edouard et se fait couronner roi d'Ecosse sous le nom de Robert Ier (1306–1329). En 1314, il écrase l'armée anglaise à Bannockburn.

En 1320, Robert gagne le pape à la cause de l'indépendance écossaise – reconnue par l'Angleterre au Traité de Northampton en 1328.

Une indépendance gâchée

Les monarques de la dynastie Bruce, éteinte en 1371, puis leurs successeurs Stuart ne réussissent pas à étouffer les rivalités acharnées des lords écossais luttant pour la régence. Le clan Douglas contrôle dans les faits la majeure partie du sud de l'Ecosse, au nord-ouest dominent les MacDonald, seigneurs des Iles (préférant se nommer rois), qui s'allient aux Anglais. Au nord et à l'est, les lords des Highlands sont leurs propres maîtres. En 1469, un mariage judicieusement arrangé entre Jacques III et la princesse scandinave Margaret apporte, au nombre de sa dot, les îles Orcades et Shetland.

Pour consolider leur position face aux Anglais, les Stuart invoquent la «vieille alliance» avec la France. Au terme de la réciprocité, Jacques IV envahit le Northumberland en 1513 pour créer un second front soulageant les Français. Mais la bataille de Flodden Field voit le sacrifice de 10000 Ecossais – parmi eux le roi et la fine fleur de la noblesse et des chefs des Highlands. L'indépendance de l'Ecosse n'a plus guère qu'une valeur nominale.

Marie Stuart, reine des Ecossais

Le mariage de Jacques V et de Marie, duchesse de Guise, révèle les dangers de l'alliance française: plutôt que d'agir en contrepoids pour préserver l'indépendance écossaise, celle-ci manque de propulser le pays dans les bras de la France. A la mort du roi en 1542, sa fille Marie (Stuart) lui succède sur le trône alors qu'elle n'est âgée que de six jours. Sa mère oppose une fin de non-recevoir à Henri VIII, roi d'Angleterre, qui voudrait marier la jeune Marie à son fils Edouard. Fou de rage, celui-ci lance ses armées sur l'Ecosse. L'enfant est envoyée en France, à la plus grande joie de François Ier. La jeune fille est élevée à la cour dans les usages français – et catholiques – et épouse, à 17 ans, le roi François II. Les Ecossais se retrouvent confrontés au risque d'intégration de leur nation à la France.

Suite à la mort prématurée de François II, Marie regagne son trône écossais en 1561. Prétendante à la couronne d'Elisabeth d'Angleterre par la branche Tudor de sa famille, elle se trouve confrontée à une lutte de pouvoir entre factions pro-anglaises et pro-françaises. La situation s'aggrave à cause des conflits opposant ses partisans catholiques et leurs adversaires protestants favorables à la Réforme. Les sermons contre l'idolâtrie de John Knox, le chef exalté de l'Eglise («Kirk») réformée écossaise, poussent ses partisans à détruire peintures et statues dans de nombreux monastères et églises catholiques. Après que

Knox l'eut rencontrée pour la mettre en garde contre les attitudes «impies», Marie demande à entendre la messe dans sa chapelle d'Edimbourg – causant des émeutes au palais de Holyrood!

Le tableau s'assombrit encore lorsque Marie épouse son cousin Lord Darnley, un catholique arrogant désireux de devenir roi plutôt que simple prince consort. L'ambitieux fait assassiner David Riccio, le conseiller italien de son épouse, à Holyrood, mais il est lui-même étranglé peu après. Son meurtrier ne serait autre que le troisième époux de Marie, le comte de Bothwell, un protestant. Dès lors, rien ne saurait plus apaiser la noblesse et le clergé écossais scandalisés, tant catholiques que réformés. Forcée d'abdiquer en 1567 en faveur de son fils Jacques VI, âgé de quelques mois, Marie s'enfuit en Angleterre un an plus tard. La reine Elisabeth emprisonne cette prétendante à son trône, avant de la faire exécuter en 1587.

La guerre civile et la Restauration

Jacques VI (1567–1625), éduqué dans la foi protestante avec le soutien anglais, s'oppose à la dérive des Presbytériens calvinistes écossais, favorables à une doctrine stricte et indépendante du pouvoir royal. En 1592, ces derniers obtiennent que les évêques ne soient plus nommés par le roi, mais que soient constitués en remplacement un synode et un consistoire à vocation de tribunal – tant pour les affaires ecclésiastiques que pour les questions privées d'ordre moral. A la mort de la reine Elisabeth en 1603, Jacques VI lui succède légitimement sous le nom de Jacques Ier d'Angleterre. Il ne peut réunir les deux trônes, mais parvient à réintroduire la nomination des évêques en Ecosse. Dès 1610, ceux-ci agissent parallèlement aux institutions réformées, mais le décor est planté pour les conflits religieux à venir.

Né en Ecosse mais éduqué en Angleterre, Charles Ier succède à son père en 1625. Attaché au cérémoniel pompeux de la High Church anglicane et hostile à l'austérité des réformistes écossais, il tente, en 1637, d'imposer sa conception de la liturgie. Une Convention nationale est vite constituée pour s'opposer à ses desseins «papistes»... Le roi ordonne la tenue d'une assemblée générale de la Kirk, qui prononce en retour la dissolution de son épiscopat! Il recourt alors à la force, mais est écrasé par les troupes écossaises, bien équipées, lors des guerres des Evêques (1639–1640). Abandonné par son Parlement, qui refuse de financer l'aventure plus avant, le roi se retrouve, en 1642, confronté à une guerre civile en Angleterre.

Les Covenantaires gouvernent l'Ecosse jusqu'en 1651 en appuyant les Parlementaires anglais en rébellion contre Charles Ier. En 1646, leurs forces font le roi prisonnier à Newark (dans le Nottinghamshire) et le remettent à ses ennemis. Mais la plupart des Ecossais manifestent leur hostilité à l'exécution de Charles en 1649 et s'apprêtent à se ranger aux côtés de son fils, Charles II. Une fois encore, les alliances se renversent. Oliver Cromwell mène l'armée anglaise aux victoires de Dunbar (1650) et Worcester (1651) sur les royalistes écossais. Durant l'occupation, il impose une union parlementaire qui réussit à gouverner efficacement et sans parti pris jusqu'à la restauration en 1660 de Charles II – roi d'Angleterre et d'Ecosse.

Peu soucieux de ses possessions écossaises, Charles II ne s'y rend pas une seule fois durant ses 25 années de règne, préférant gouverner par décret depuis Londres. Les évêques sont rétablis, mais ils travaillent désormais en bonne intelligence avec les synodes et les consistoires presbytériens, sans imposer les pratiques anglicanes. Le règne de relative tolérance de Charles II est accepté par tous à l'exception des Covenantaires les plus récalcitrants, qui sont défaits par les forces anglaises en 1679 à Bothwell Bridge. La situation se détériore à l'avènement du frère de Charles, Jacques VII d'Ecosse (Jacques II d'Angleterre, 1685–1688), qui fait du soutien aux Covenantaires un crime de haute trahison. Réservant les principales fonctions administratives aux catholiques, il s'aliène jusqu'aux Ecossais modérés, qui craignent pour l'existence même de l'Eglise presbytérienne.

hemis.fr/Frilet

Marie Stuart mena une vie d'aventure et d'intrigues.

L'Union avec l'Angleterre

Jacques VII chassé vers la France par la «Glorieuse Révolution» anglaise de 1688, dirigée contre les catholiques et leurs soutiens français, le trône revient à sa fille Marie, une protestante mariée au prince Guillaume d'Orange. «Guillaume le Hollandais», ainsi que le nomment les Ecossais, ne montre guère d'intérêt pour ces terres lointaines; il conserve cependant l'Eglise presbytérienne et consent à l'abolition des évêchés anglicans, mettant ainsi fin aux conflits religieux.

En 1707, la sœur de son épouse, la reine Anne, favorise l'adoption de l'Acte d'Union entre l'Angleterre et l'Ecosse, qui assure la succession de la lignée protestante et repousse la menace d'une reconquête des successeurs de Jacques VII et de ses partisans jacobites dans les Highlands. Les Anglais s'attachent la loyauté des Ecossais en leur faisant miroiter les fruits du libre-échange et en distribuant aux principaux leaders duchés et autres avantages matériels. Assurés de pouvoir conserver leur système légal et leur Eglise presbytérienne, les Ecossais votent pour la réunion de leur Parlement à celui de Londres – où ils envoient 45 délégués issus du peuple et 16 lords. La plupart des Ecossais, plus méfiants envers les catholiques qu'envers les protestants anglais de la lignée des Hanovre, sont hostiles aux soulèvements jacobites en faveur des successeurs de Jacques VII, les Stuart. En 1745, Charles Edouard Stuart («Bonnie Prince Charlie») mène victorieusement son armée de Highlanders à travers l'Ecosse et franchit la frontière anglaise, atteignant Derby. Mais l'aide française attendue n'arrive pas et Bonnie Prince Charlie est repoussé dans les Highlands. Ses troupes sont mises en pièces à Culloden, près d'Inverness, en 1746; il s'enfuit sur le continent où il mourra 40 ans plus tard. La défaite est suivie de mesures répressives: tartans, cornemuses et port d'armes sont interdits. La dissolution des armées privées des chefs des Highlands met un terme au système des clans. On considère les petits fermiers, sans plus de valeur militaire, comme un poids économique. L'élevage des moutons remplace bétail et cultures.

Les temps modernes

Au début du XIXe siècle, une politique d'éviction (les *Highland Clearances*) contraint les paysans des Highlands à abandonner la terre. Les maisons sont brûlées pour les pousser à émigrer en Amérique du Nord, en Angleterre ou dans le sud de l'Ecosse – tandis que les seigneurs font de leurs propriétés des domaines de chasse, de pêche ou de tir très rentables pour la bonne société venue du sud. Seuls quelques acharnés s'accrochent à des parcelles de terre à peine cultivables. Le tableau est radicalement différent au sud-est et au nord-est, où l'agriculture moderne et l'élevage permettent de nourrir la population sans cesse croissante de l'Ecosse. Malgré l'émigration des Highlanders, elle passe au XIXe siècle de 1,5 à 4,5 millions d'habitants. Plusieurs facteurs se combinent: soins améliorés, immigration en masse depuis l'Irlande touchée par la famine dans les années 1840 et prospérité nouvelle apportée par une industrialisation à grande échelle – textiles à Glasgow, chantiers navals à Clydeside, sidérurgie à Falkirk et mines de charbon au sud.

Durant la Première Guerre mondiale, 74000 Ecossais perdent la vie. La période se révèle certes bénéfique pour les chantiers, l'industrie mécanique et les usines de munitions de Clydeside mais, peu après la fin du conflit, l'Ecosse plonge elle aussi dans la Grande Dépression. En 1932, le chômage atteint 28%. Les conditions de vie dans les bas quartiers écossais sont alors parmi les pires de Grande-Bretagne.

L'ampleur de l'industrialisation fait le lit des mouvements syndicaux militants. James Keir Hardie, dirigeant de la Fédération des Mineurs écossais, fonde dès 1888 le parti travailliste d'Ecosse. Celui-ci, prônant un socialisme éthique plus que marxiste, s'imposera comme une force vitale au sein du parti travailliste britannique tout au long du XXe siècle. Issu de ses rangs, Ramsay MacDonald est le premier de son obédience à accéder au poste de Premier ministre du pays en 1924.

Le gouvernement écossais

La campagne en faveur de l'autonomie lancée par le Parti national écossais (SNP), principal parti indépendantiste, fondé en 1934, est interrompue par la Seconde Guerre mondiale – et ne sera pas vraiment relancée avant les années 1970, à l'occasion de la découverte de pétrole en mer du Nord. Agitant le spectre de l'éclatement du Royaume-Uni, le gouvernement conservateur (Tories) de Margaret Thatcher s'oppose à la concession de quelque degré d'autonomie que ce soit. En 1997, les Tories perdent le dernier de leurs sièges écossais à Westminster. Le gouvernement de Tony Blair adopte la délégation des pouvoirs (*devolution*), qui autorise une certaine autonomie.

En 1999, un nouveau Parlement écossais basé à Edimbourg est élu. Le nouveau bâtiment est inauguré en 2004. Depuis les élections parlementaires de 2007, le gouvernement est dirigé par le Parti national écossais (SNP). En mai 2011, ce dernier obtient pour la première fois la majorité absolue au Parlement et promet d'organiser un référendum sur l'indépendance de l'Ecosse au cours de cette législature.

Les Ecossais perpétuent avec fierté les traditions ancestrales.

hemis.fr/Frilet

TOUT VOIR

Depuis Edimbourg, explorez l'arrière-pays au sud-est, du Lothian à la région des Borders – ou commencez par Glasgow et faites un tour dans le sud-ouest pour rejoindre le pays d'Ayr (Ayrshire) en traversant la Clyde. Plus au nord, le centre de l'Ecosse se décline en vallées, châteaux et terrains de golf. La côte ouest de l'Argyll mène vers Arran et Kintyre. Au nord-est, parcourez le Whisky Trail, puis gagnez Inverness et les Highlands – dont les ports occidentaux permettent d'accéder à l'île de Skye et aux Hébrides extérieures. Tout au nord s'ancrent les Orcades et les Shetland.

Edimbourg

La fierté est ancrée au plus profond des Ecossais… Rien d'étonnant donc à ce qu'ils aient juché leur capitale sur un piédestal. Les résidences des décideurs d'autrefois s'étirent depuis la forteresse des rois médiévaux, perchée sur le piton basaltique de Castle Rock, jusqu'à Holyrood, palais des monarques actuels et siège depuis 2004 du Parlement du gouvernement écossais.

La cité se divise en deux parties, la vieille ville et la nouvelle, séparées par Princes Street. La vieille ville à son tour réunit deux univers: d'un côté le château, relié par le Royal Mile au palais et à la chapelle de Holyrood et, dans une vallée plus au sud, des immeubles, pour la plupart rénovés, dans un dédale de courettes et d'impasses aveugles. La ville nouvelle, elle, fut construite à la fin du XVIIIe siècle dans un style aéré et harmonieux. Plus au nord, le front de mer coloré de Leith, le district portuaire de la ville, s'ouvre sur le Firth of Forth.

Le château

Arrimé au rocher de Castle Rock, l'emblème de la ville domine le paysage de sa puissante silhouette et s'illumine la nuit. Bien que des fortifications aient occupé le site depuis près de 3000 ans, sa première mention historique remonte aux environs de l'an 600 sous le nom de *Din Eidyn* («le fort

istockphoto.com/Hepburn

Vue sur la vieille ville d'Edimbourg depuis Calton Hill.

d'Eidyn» en gaélique), à l'origine d'«Edimbourg». Le château fut le théâtre de luttes de pouvoir entre monarques anglais et écossais du XIIe au XVIIIe siècle.

Statues et monuments

On accède au château du côté est, par l'Esplanade, qui accueillait les parades. Celle du Military Tattoo, très populaire, s'y tient désormais chaque année en août sous le regard de bronze du **maréchal Douglas Haig**, natif d'Edimbourg, commandant des troupes britanniques durant la Première Guerre mondiale. Se déroulant en parralèle avec le Festival international d'Edimbourg, elle attire environ 200 000 spectateurs venus assister aux représentations de plus de 1000 musiciens et danseurs, appartenant pour la plupart aux forces armées britanniques.

La porte principale a été bâtie dans l'esprit romantique du XIXe siècle, avec son pont-levis et ses deux statues à l'allure médiévale dépeignant des héros écossais – le roi **Robert Bruce** à gauche et **William «Braveheart» Wallace** à droite.

Passé Half Moon Battery, un bastion du XVIe siècle, le **One O'Clock Gun** (canon de Treize Heures) se dresse sur Mill's Mount, à l'ouest. Le tir de cette pièce d'artillerie de la dernière guerre, qui marquait jadis l'heure pour les marins du Firth of Forth, signale aujourd'hui celle du repas des employés à 13 h – sauf le dimanche – comme son nom l'indique.

St Margaret's Chapel

Cette petite église normande, érigée au milieu du XIIe siècle par le roi David Ier en l'honneur de sa mère, la reine Margaret (épouse de Malcolm III), est l'édifice le plus ancien d'Edimbourg encore conservé. Elle ne fut redécouverte qu'en 1845 après avoir été utilisée durant trois siècles comme magasin pour la poudre à canon.

Depuis la chapelle, perchée sur les hauteurs de Castle Rock, la vue s'étend vers le nord, au-delà des jardins de Princes Street, jusqu'à la ville nouvelle.

Le palais

A l'intérieur de l'enceinte du château, le palais abrite les joyaux de la Monarchie écossaise: une couronne du XVIe siècle incrustée de pierres précieuses, un sceptre et une épée, exposés dans la Crown Room, ainsi que la Pierre de Scone – ou Pierre de la Destinée – d'apparence plus simple, sur laquelle les rois écossais étaient jadis couronnés.

Le Royal Mile

Toujours animée, l'artère principale de la vieille ville médiévale (Old Town) se déroule sur près de 2 km (un *mile* écossais) le long de la crête reliant le château au palais de Holyroodhouse. Formée par Castlehill, Lawnmarket, High Street et Canongate, elle est bordée de belles demeures restaurées, d'églises, mais aussi de boutiques de souvenirs kitsch. De part et d'autre, des impasses étroites enjambées par des arches s'ouvrent sur des cours plantées d'arbres. Les bâtiments de l'ancien temps ont retrouvé leur belle apparence et leur attrait.

Castlehill

Castlehill propose une série d'attractions touristiques. Au **Tartan Weaving Mill and Exhibition**, vous pourrez admirer 150 motifs de tartan différents et assister à l'élaboration de la célèbre étoffe, un spectacle bruyant au milieu des énormes métiers à tisser. Pour une photo souvenir, kilts et accessoires sont disponibles dans toutes les tailles.

Au **Scotch Whisky Experience**, vous serez initié aux secrets de

Une pierre de discorde. La mythique Pierre de la Destinée est aussi baptisée Pierre de Scone en référence à l'abbaye du Perthshire où elle fut conservée de 838 jusqu'à son vol comme butin de guerre en 1296 par le roi d'Angleterre Edouard Ier – qui la fit exposer à Westminster. La légende affirme qu'il s'agirait de l'oreiller de Jacob, sur lequel était installé le patriarche hébreux lorsqu'il rêva d'une échelle entre le paradis et la terre... Elle aurait été amenée en Ecosse depuis la Terre Sainte par l'Espagne et l'Irlande. Siège de couronnement pour de nombreux monarques écossais puis anglais, la pierre fut encore utilisée lors du sacre de la reine Elisabeth II en 1953, puis enfin rendue à l'Ecosse en 1996. Certains affirment que les moines de Scone livrèrent à Edouard un simple bloc de grès, dissimulant l'original, aux sculptures élaborées, en un lieu inconnu. L'abbaye de Scone n'existe plus.

Gibier de potence. Edimbourg est aussi fière de ses bandits que de ses héros. L'impasse de Brodie's Close, au sud de Lawnmarket, est ainsi associée à la famille du célèbre **Deacon William Brodie.** Citoyen honorable de jour et cambrioleur redouté de nuit, il inspira à Robert Louis Stevenson *L'étrange cas du Dr Jekyll et de Mr Hyde*... Finalement pris, il fut exécuté – sur une potence dessinée par ses bons soins pour la ville, et cela malgré un collier de fer discrètement glissé sous sa chemise!

fabrication du breuvage national écossais (dégustation incluse).

A côté, la **Outlook Tower** s'élève à 30 m du sol; de sa terrasse, une vue magnifique s'étend sur la ville. A l'intérieur de la tour, la **Camera Obscura and World of Illusions**, une attraction vieille de 150 ans, offre illusions d'optique et vue spectaculaire sur la ville depuis les toits.

Tout proche, l'**Assembly Hall** de l'Eglise d'Ecosse accueillit temporairement le Parlement écossais jusqu'à l'achèvement de son nouveau bâtiment de Holyrood.

Lawnmarket

Sur le vieux marché aux vêtements, l'on découvre deux beaux exemples de résidences du XVIIe siècle. L'espace dans la vieille ville étant déjà alors restreint, on construisait en hauteur, ainsi **Gladstone's Land**, dont les propriétaires s'appelaient en vérité Gledstane, qui se dresse sur six étages avec, au rez-de-chaussée, une devanture à arcades typique. Elle appartient aujourd'hui au Scotland National Trust et présente les installations des maisons de l'époque, chaque étage étant accessible individuellement. Les plus riches vivaient dans les étages supérieurs, à la lumière, tandis que les pauvres s'entassaient dans les couloirs sombres et que les moins nantis d'entre eux se terraient dans les caves.

Un peu plus loin, un riche marchand fit construire en 1622 le sobre bâtiment blanc de la Lady Stair's House, où la comtesse de Stair prit, un siècle plus tard, ses appartements. La maison abrite désormais le **Writers' Museum**, qui célèbre la vie et l'œuvre de trois fameux écrivains écossais, Robert Burns, Sir Walter Scott et Robert Louis Stevenson. Vous y découvrirez notamment de nombreux effets personnels, des photographies, ainsi que les éditions originales de leurs ouvrages.

Dans une rue parallèle au Lawnmarket (Market Street), le **City Art Centre** propose une exposition permanente d'art écossais ainsi que des expositions temporaires très variées.

High Street

St Giles'Cathedral (High Kirk of Scotland) avec son clocher notable du XVe siècle de la forme de la couronne écossaise, domine High Street par le sud. Saint-Giles, église paroissiale d'Edimbourg au Moyen Age, vit d'abord s'activer le leader réformateur John Knox avant de se doter, au XIXe siècle, de monuments funéraires commémorant les autres grands hommes écossais, sur le modèle de Westminster. L'intérieur, d'un gothique élégant, révèle des vitraux préraphaélites dus à Edward Burne-Jones et William Morris. Dans l'angle sud-est, la chapelle du Chardon (Thistle Chapel), plus ornementée, fut érigée en 1911 en l'honneur des seize chevaliers de l'Ordre du même nom.

Situé à l'extrémité de High Street, le **Museum of Childhood** expose sur cinq étages une riche collection de jouets et de chambres d'enfants des siècles passés et de différentes parties du monde, pour la plus grande joie des visiteurs de tous les âges.

Canongate

Nombre de maisons de ce vieux quartier résidentiel élégant ont conservé le charme des XVIe et XVIIe siècles – en particulier **Chessel Court**, **Moray House** où l'Acte d'Union à l'Angleterre fut signé en 1707, et **Huntly House**,

hemis.fr/Rieger

Pour une bonne introduction à la ville, rien ne vaut un tour en bus.

devenue musée d'histoire locale. Le bâtiment à colombages de 1570 abrite en autres choses les plans d'urbanisme d'Edimbourg (New Town). Le Canongate Tollbooth (1591) fut à la fois cour de justice et prison avant d'accueillir **The People's Story Museum**, une exposition permanente évoquant la vie quotidienne et le travail à Edimbourg depuis le XVIIIe siècle. La tour rectangulaire de 15 m de haut rappelle que cette partie de la ville édictait jadis ses propres lois – c'est là en effet que se réunissait le Conseil.

Holyrood

Le palais de Holyrood, les ruines romantiques de son abbaye et son magnifique parc occupent une vallée verdoyante à l'extrémité du Royal Mile. On comprend aisément pourquoi, au XVIe siècle, les rois d'Ecosse abandonnèrent Castle Rock, morne et venteux, pour emménager ici. C'est

istockphoto.com/Clerk

Symbole de fidélité, le skye terrier Greyfriars Bobby veilla la tombe de son maître pendant 14 ans.

Jacques IV qui fit élever le palais, près du monastère augustinien fondé par David Ier en 1128.

Le palais de Holyroodhouse

Résidence officielle de la reine Elisabeth II lors de ses visites estivales en Ecosse, le palais doit ses airs baroques à la reconstruction effectuée par Charles II au XVIIe siècle – bien qu'il n'y résidât jamais. Parmi les appartements d'Etat (State Appartments), on découvre dans la tour ouest ceux de Marie Stuart, atteints par un escalier en colimaçon. C'est ici que son époux, Lord Darnley, fit assassiner de 56 coups de poignard le secrétaire particulier de la reine, David Riccio. La **Grande Galerie**, où ont aujourd'hui lieu réceptions royales et investitures, est encore ornée de 89 des 110 portraits de monarques d'Ecosse peints par le Hollandais Jacob de Wit. Rois légendaires et réels, tous sont représentés, de Fergus Ier à Charles II.

D'une qualité artistique plus certaine, la **Queen's Gallery**, située dans l'ancienne église de Holyrood Free Church et inaugurée en 2002, accueille des expositions temporaires tirées des collections de Sa Majesté – qui rassemblent plus de 7000 peintures, 190 000 aquarelles, dessins et gravures de différentes époques.

Holyrood Abbey

L'ossature de l'église gothique en ruine, superbe, évoque avec force les batailles et les conflits incessants qui opposèrent jadis Ecossais et Anglais. Le sanctuaire fut maintes fois détruit, en particulier durant la Réforme, en 1547, puis lors de la Révolution de 1688. Les tours jumelles et le porche finement travaillé de la façade ouest témoignent néanmoins de la splendeur passée de l'abbaye.

Holyrood Park

Idéal pour un bol d'air frais ou de vivifiantes balades, le parc royal

David et le cerf. La fondation de l'abbaye de Holyrood est attribuée à un miracle. L'histoire affirme que David Ier, sur le point d'être empalé par un cerf, fut sauvé par la transmutation des bois de l'animal en une sainte croix (*holy rood*) – poussant le roi à ériger en ces lieux un monastère. Le blason de Canongate commémore cet événement à travers sa tête de cervidé, ornée d'une croix placée entre les andouillers.

déploie ses 260 ha de verdure comme un avant-goût des paysages écossais – zones de montagne rocailleuses, marais, lochs, landes, vallées et prairies. A l'est du palais, Queen's Drive (qui forme une boucle) mène, dans le sens des aiguilles d'une montre, vers l'étang artificiel de St Margaret's Loch, creusé auprès des ruines de la chapelle St Anthony (XVe).

Plus au sud, au-delà du loch Dunsapie, un sentier balisé grimpe doucement, en une vingtaine de minutes, sur les pentes gazonnées d'**Arthur's Seat** (250 m), un rocher volcanique qui domine le parc. La vue s'étend au sud vers les collines de Pentland, au nord sur le Firth of Forth et, par beau temps, jusqu'aux Highlands, distants de 130 km. (Quant à Arthur, il ne s'agit pas du roi de Camelot, mais plus probablement d'un obscur prince du VIe siècle, Arthur de Strathclyde.)

D'autres formations rocheuses aux noms évocateurs se dressent à travers le parc; on dit qu'elles auraient inspiré au savant James Hutton (1726–1797) la volonté de développer une science nouvelle, la géologie. Ses théories et celles de ses adeptes sont exposées dans le cadre de l'exposition «Dynamic Earth», sur Holyrood Road, dans une brasserie rénovée surmontée d'une membrane tendue en tissu (avec une belle vue sur le Parlement écossais).

Le Parlement écossais

Le complexe du nouveau Parlement écossais s'étend au pied du Royal Mile, face au palais de Holyrood. L'architecte catalan Enric Miralles a conçu une chambre des débats hémisphérique pour éviter les lignes angulaires de la Chambre des Communes de Londres, moins favorables au compromis.

L'entrée est libre; le meilleur moyen de découvrir son architecture est de vous joindre à une visite guidée (réservation obligatoire – vous trouverez toutes les informations nécessaires sur les jours et les horaires des visites sur le site internet du parlement: www.scottish.parliament.uk.).

A deux pas de là sur Holyrood Road, **The Tun** (le Tonneau) est un ancien entrepôt en brique rénové, avec une étonnante extension en béton et cuivre vert s'avançant sur la rue. Il abrite des bureaux, un bar et un café au rez-de-chaussée.

Vers Cowgate et Grassmarket

Etirée vers l'ouest dans le prolongement de Holyrood Road, la grande artère formée par Cowgate et Grassmarket (parallèle au Royal Mile) regroupait tout ce que la ville comptait de bars interlopes et de maisons de passe. On y trouvait même une potence, à pied d'œuvre pour les pendaisons publiques! Autour, les maisons jouissant d'une vue étaient louées comme tribune pour pouvoir assister à ces événements. Sur le Grassmarket se tenait aussi jadis la foire aux bestiaux: c'est ici en effet qu'avait lieu, entre 1477 et 1911, le plus grand marché aux chevaux et au bétail d'Edimbourg; on pouvait aussi y acheter des denrées alimentaires. Fin 2002, un incendie a ravagé le quartier de Cowgate, donnant l'occasion d'une rénovation à grande échelle. L'atmosphère s'anime autour des galeries d'art, boutiques, restaurants et cafés – et de bars et night-clubs plus présentables qu'auparavant.

National Museum of Scotland

Situé sur Chambers Street, le Musée national d'Ecosse expose ses collections dans deux bâtiments d'apparence très dissemblable. Le premier est moderne, s'inspirant à la fois de formes géométriques et d'architecture écossaise. On le reconnaît de loin à sa tour ronde au grès couleur de miel. Le second, de style néo-roman, qui abritait le Royal Museum of Scotland, vient d'être entièrement rénové, notamment le grand hall

istockphoto.com/McGilviray

Le Parlement écossais est une attraction touristique populaire.

victorien. Mêlant effets audiovisuels dernier cri et présentations d'objets archéologiques, le musée aborde au travers de seize galeries à thème l'histoire du pays depuis ses origines géologiques jusqu'aux réalisations actuelles de personnages tels que l'acteur Sean Connery. On aborde en chemin la Préhistoire, les temps des guerres formatrices, la Renaissance et les contributions de la révolution industrielle.

La ville nouvelle

Le quartier au nord de Princes Street a été tracé il y a plus de deux siècles pour permettre aux citoyens d'Edimbourg – les plus aisés en tout cas – de quitter les rues surpeuplées de la vieille ville. Il fut dessiné sur un plan quadrillé très aéré. On y voit l'un des plus beaux ensembles d'architecture géorgienne (néo-classique) de Grande-Bretagne.

Princes Street

Colonisée par des centres commerciaux sans âme, l'artère principale de la ville nouvelle ne permet pas d'aborder le quartier sous son meilleur jour. La plupart des bâtiments du XVIIIe siècle ont été détruits, à l'exception de la **Register House** (1774), à son extrémité est. On y conserve les archives de l'Ecosse. La rue vaut aussi le détour pour ses points de vue sur le château, la vieille ville et les jardins de Princes Street. La flèche néo-gothique du monument dédié à Walter Scott domine les statues de l'écrivain et de son chien Maida, de 64 de ses personnages de roman et de 16 de ses confrères écossais. Parallèle à Princes Street, **Rose Street** est célèbre pour ses pubs et sa vie nocturne.

National Galleries of Scotland

Réparties dans plusieurs bâtiments de la ville, les galeries nationales rassemblent la plus importante collection d'art européen en Ecosse, de la Renaissance au postimpressionnisme. L'édifice néo-classique, au pied de la butte The Mound, à l'est des jardins, abrite une collection de peinture de maîtres européens de tout premier ordre. On peut y voir des œuvres de Rembrandt, Vermeer et Rubens, de Raphaël, Titien, Le Tintoret et Véronèse, de Cranach et Holbein, de Hugo van der Goes et Quentin Metsys, de Vélasquez, Zurbarán et Goya, de Watteau, Gauguin, Cézanne et Monet, sans oublier Henry Raeburn, un enfant du pays.

Juste à l'extérieur du centre-ville, à l'ouest de Princes Street, la National Gallery of Modern Art et la Dean Gallery se nichent dans un grand parc doté d'un jardin de sculptures. La **National Gallery of Modern Art** se consacre à l'art du XXe siècle avec des œuvres de Picasso, Magritte, Matisse et

Mondrian, auxquelles s'ajoute la riche collection d'art moderne écossais. La **Dean Gallery** est dédiée aux artistes dadaïstes et surréalistes et présente des travaux du sculpteur Eduardo Paolozzi (1924–2005), natif d'Edimbourg, ainsi que la reconstitution de l'atelier du maître.

Une navette gratuite relie les différents bâtiments des National Galleries.

George Street

George Street, bordée de demeures du XVIIIe siècle, est le cœur de la ville nouvelle. Plusieurs de ces résidences sont désormais occupées par les boutiques luxueuses de créateurs, des salles des ventes, bars et restaurants chics. La rue est bordée à chaque extrémité par St Andrew Square et Charlotte Square – adresses prestigieuses elles aussi, notamment pour les banques. Face à **St Andrew's and St George's West Church**, on verra les **Assembly Rooms** (1787) où Dickens faisait jadis des lectures publiques. L'endroit accueille aussi désormais des manifestations du Fringe-Festival alternatif et, une fois par mois, le traditionnel Ceilidh Dancing. Le bâtiment de la Royal Bank of Scotland se dresse sur St Andrew Square.

Charlotte Square

Testament architectural de Robert Adam, dessiné un an avant sa mort (1791), Charlotte Square est souvent considérée comme la plus belle esplanade géorgienne de Grande-Bretagne.

Bute House, au n°6, abrite la résidence du First Minister écossais. Propriété du National Trust for Scotland, **Georgian House** (1796), au n°7, présente dans ses étages inférieurs des intérieurs d'époque.

Queen Street

Queen Street est bordée de résidences dont les propriétaires possèdent tous une clef permettant d'accéder aux jardins s'étirant sur son flanc nord. A son extrémité orientale, la **Scottish National Portrait Gallery**, département des National Galleries of Scotland, rend hommage aux célébrités écossaises. Fermée pour rénovation, elle devrait rouvrir fin 2011.

Royal Botanic Garden

Situé sur Inverleith Row, juste au nord de la ville nouvelle, le jardin botanique royal, le deuxième plus ancien de Grande-Bretagne, couvre une superficie de 28 hectares. On y admire de splendides parterres d'azalées et de rhododendrons, un pan de colline planté de fleurs exotiques chinoises, des bosquets de sorbiers, chênes, tilleuls et érables, et un ensemble d'espèces alpines devant la **Victorian Palm House** (serre victorienne). A l'intérieur, un chemin bordé de plantes des zones tempérées et tropicales mène jusqu'à des cycas, remontant à l'époque des dinosaures.

Leith

Ses restaurants de fruits de mer et ses pubs animés et conviviaux ont fait du quartier portuaire d'Edimbourg l'une de ses attractions touristiques les plus populaires. Principal port de la côte orientale de l'Ecosse durant des siècles, Leith fut incorporé à Edimbourg en 1920. Abandonné à son sort, l'endroit fut un temps réputé pour sa dangerosité, avant d'être réhabilité dans les années 1980.

Le long du canal de Water of Leith, les maisons néo-classiques ont été restaurées. Le vieil Hôtel de Ville de Constitution Street abrite désormais un superbe commissariat de police!

Vers l'est, le parc de **Leith Links** aurait marqué les débuts du golf au XVe siècle – ce qui en ferait le lieu de naissance de ce sport inventé par les Ecossais.

Britannia

Amarré dans le port ouest, près d'Ocean Drive, le yacht royal *Britannia*, autrefois utilisé par la famille royale britannique, a pris sa retraite en 1997. Un public payant peut désormais monter à bord pour inspecter ses cinq ponts, de la salle à manger au salon en passant par le solarium et la salle des machines. Son design des années 1950 fait preuve d'une étonnante simplicité – à l'image, paraît-il, de la Reine.

Le Royal Scotsman. Beaucoup plus qu'un train, c'est avant tout un hôtel de luxe sur des rails. En 1985, deux entrepreneurs de navigation fluviale louèrent des wagons historiques et fondèrent le train de luxe Royal Scotsman. Les wagons-lits avec cabines, aménagées chacune comme une chambre d'un grand hôtel avec sa propre salle de bain, les wagons-restaurants ainsi que le compartiment salon datent du XIXe siècle. Ses voitures laquées rouge bordeaux et sa locomotive à vapeur verte évoquent le temps où la reine Victoria et le prince consort Albert voyageaient en train vers les Highlands écossais pour passer l'été au château de Balmoral. Le départ d'Edimbourg, déjà, est majestueux: dans la brume matinale, on déroule le tapis rouge pour les voyageurs, qui sont accueillis par des sonneurs de cornemuse. Puis le train prend son départ vers la campagne écossaise d'une beauté à couper le souffle, à travers des vallées aux douces ondulations, le long de sommets escarpés et de lacs aux eaux sombres. Le Royal Scotsman circule d'avril à octobre. Le départ et l'arrivée se font à Edimbourg.

LITTÉRATURE ÉCOSSAISE

Trois grands hommes de lettres écossais – Robert Burns, Sir Walter Scott et Robert Louis Stevenson – ont en commun d'avoir fait connaître leur patrie au monde entier.

Robert Burns le poète-paysan issu du peuple, surnommé «le Barde» ou «le fils préféré de l'Ecosse», est né en 1759 à Alloway, dans une famille de paysans. Bien qu'obligé de travailler dans les champs dès son plus jeune âge, il reçoit une bonne éducation et s'intéresse rapidement aux légendes et chansons locales. A côté de son œuvre poétique, il consacre de nombreuses années à recueillir, adapter et à réécrire les vieilles chansons populaires. Certaines sont encore célèbres et chantées dans le monde entier, à l'instar du *Auld lang syne* (*Ce n'est qu'un au revoir*). Burns écrit dès ses débuts des poèmes en dialectes écossais, en proie à l'alcool et à des amours malheureuses, il envisage d'émigrer en Jamaïque lorsqu'il apprend qu'un éditeur souhaite publier ses *Poems Chiefly in the Scottish Dialect* (1786). Salué par la critique, il continue d'écrire des poésies, des chansons mais aussi des textes politiques. Son chant *My Heart is in the Highlands* (1790) est considéré comme l'incarnation du sentiment national écossais. En 1791, il devient collecteur d'impôts à Dumfries et écrit sa plus célèbre ballade, *Tam O'Shanter*, évoquant entre les lignes ses propres démons. Affaibli par l'alcool, il meurt d'une fièvre rhumatismale en 1796.

Ardent nationaliste, **Walter Scott** naît en 1771 et entre, après

istockphoto.com/Mcgill

Statue de Robert Burns dans le quartier de Leith à Edimbourg.

des études de droit, dans le cabinet de son père. Fasciné par le romantisme allemand, il traduit et publie de nombreux ouvrages parmi lesquels la pièce de Goethe, *Goetz de Berlichingen*. En 1808, son poème *La Dame du Lac* le rend célèbre, ainsi que la région des Trossachs, qui sert de cadre à sa pièce romantique. La consécration arrive six ans plus tard avec son roman *Waverley*, suivent les romans historiques *Rob Roy* et *Ivanhoé*, publiés d'abord sous un pseudonyme – le roman historique moderne, genre pratiquement inventé par Scott, n'étant pas du goût des critiques de l'époque. Il est fait chevalier en 1820. En 1826, son éditeur fait faillite, laissant Scott avec 126 000 livres de dettes. Pour rembourser, Scott s'astreint à écrire des romans historiques à la chaîne. Epuisé tant physiquement que psychologiquement par ce rythme de travail, il meurt en 1832, après plusieurs attaques, dans sa maison de Abbotsford.

L'écrivain voyageur **Robert Louis Stevenson** naît en 1850 à Edimbourg, dans une famille d'ingénieurs, connue pour avoir érigé un total de 88 phares sur la côte écossaise. A la grande déception de son père, Robert Louis Stevenson laisse tomber ses études d'ingénieur et se tourne vers une vie de bohème, qui le mènera dans les bistrots fréquentés par les artistes sur la Côte d'Azur et les cercles littéraires de Londres. Dans la communauté artistique de Grez-sur-Loing, il rencontre l'Américaine Fanny Osbourne, de 10 ans son aînée, mariée à l'époque. Le récit du voyage de Stevenson vers la Californie – il doit rejoindre Fanny Osbourne, repartie avant lui pour divorcer – est relaté dans son récit *The Amateur Emigrant*. Stevenson est l'auteur de romans très populaires tels que *L'Ile au Trésor* et *L'Etrange Cas du Dr Jekyll et de Mr. Hyde*; il laisse également de nombreux livres de voyage, poèmes, pièces de théâtre, essais et articles de journaux. Il se considère d'abord comme un écrivain payé à la tâche: l'écriture d'abord motivé par l'amour de l'art devenant, selon lui, un travail comme un autre. Derrière des écrits divertissants, il dresse aussi un portrait acéré de la société à la fin de l'époque victorienne. Souffrant depuis l'enfance de tuberculose, il part chercher un meilleur climat dans les mers du Sud et s'installe aux Samoa avec son épouse en 1888. C'est là qu'il est terrassé par une attaque cérébrale en 1894, à l'âge de 44 ans seulement.

L'île de Bass Rock est un important site de nidification pour des milliers d'oiseaux.

hemis.fr/Barbagallo

Le sud-est

Proche d'Edimbourg, le Lothian s'étend des rives de l'estuaire Firth of Forth et de la mer du Nord jusqu'aux monts Lammermuir. Plus au sud, les comtés des Borders (Marches écossaises) occupent une zone située à cheval sur la vallée de la Tweed, jusqu'à la frontière anglaise. Théâtre des guerres entre Anglais et Ecossais, la région est semée de châteaux et d'abbayes en ruine. Fruits de temps plus sereins, les vieilles propriétés de campagne, s'éparpillent au cœur du pays de Sir Walter Scott.

Le Lothian

Nommée d'après le roi Lot, beau-frère du roi Arthur, la région est administrativement subdivisée en East Lothian, Midlothian et West Lothian. (L'équipe de football Heart of Midlothian porte le nom d'une ancienne prison d'Edimbourg, démolie il y a longtemps.) Les centres d'intérêt sont tous assez proches d'Edimbourg pour être visités dans la journée.

Hopetoun House

Située sur les berges du Forth, à l'ouest des deux grands ponts routier et ferroviaire qui le franchissent, la résidence du comte de Hopetoun (XVIIIe) prend de véritables airs de palais. Dessinée par William Bruce, l'architecte de Holyroodhouse, elle fut agrandie par William Adam et redécorée avec faste par son fils, Robert – maître d'œuvre de la ville nouvelle d'Edimbourg. La belle ligne courbe de la façade et les exubérants salons de réception rouge et jaune affichent un air de baroque italien. Balades et pique-niques sont possibles dans le parc.

Linlithgow

Près du loch Linlithgow, à quelque 25 km à l'ouest d'Edimbourg, ce palais remontant pour l'essentiel au XVe siècle fut ravagé par un incendie. Désormais en ruine, il a perdu son toit, mais son exploration passionnera petits et grands. Du sommet des escaliers en colimaçon se révèlent soudainement de vastes panoramas – en particulier depuis la **Queen's Tower** (tour de la Reine), la plus élevée, dressée au nord-ouest.

Jacques V naquit au palais en 1512 et sa fille Marie Stuart en 1542. Bonnie Prince Charlie y fit escale durant le soulèvement de 1745; un an plus tard, alors que l'endroit était occupé par les troupes anglaises, il fut en partie brûlé, sans doute par le duc William de Cumberland.

Rosslyn Chapel

Cette chapelle gothique superbement ornementée se trouve à 5 km au sud d'Edimbourg, à Roslin. Fondé en 1446 par William Sinclair, le sanctuaire devait à

Le chemin de l'Amérique. L'iconographie des sculptures de la chapelle de Rosslyn fait appel à de mystérieux symboles. Parmi les représentations de plantes, deux ont été identifiées comme étant le maïs et l'aloès – des plantes américaines dont l'origine a donné naissance à une étonnante théorie. C'est ainsi que le grand-père du fondateur du sanctuaire, le prince navigateur Henry of Orkney, aurait traversé l'Atlantique un siècle avant Christophe Colomb... Mais les historiens locaux pensent désormais que ces motifs furent ajoutés au XVIe siècle.

wikimedia.org/Bjørnsrud

l'origine probablement être intégré à une collégiale. Ses piliers et ses chapiteaux sculptés sont de véritables chef-d'œuvres. L'**Apprentice Pillar**, le plus beau, aurait été réalisé par un apprenti durant l'absence de son maître; de retour, celui-ci, dans une crise de jalousie, l'aurait tué d'un coup de maillet!

La chapelle figure dans le livre *Da Vinci Code* de Dan Brown et attire les fans de mysticisme; certains de ses symboles sont associés aux francs-maçons, aux croyances païennes ou mystiques.

North Berwick

Depuis Edimbourg, on longe une série de terrains de golf avant de gagner, sur la côte de la mer du Nord, cette agréable station balnéaire victorienne. On vient surtout ici pour visiter le **Scottish Seabird Centre** – un centre dédié aux oiseaux marins, inauguré en l'an 2000. A l'aide de télescopes, ou grâce à des systèmes de caméras cachées, on peut observer les fous de Bassan, guillemots, macareux, petits pingouins et sternes de Bass Rock et de l'île de Fidra, tout proches. D'autres caméras sont installées sur l'île de May, à 17 km au nord (qui possède aussi une colonie de phoques gris). On voit de plus en plus souvent des dauphins souffleurs dans le Firth of Forth, ainsi que des petits rorquals et des baleines à bosse.

Les ruines de **Tantallon Castle** (XIVe siècle), perchées sur une falaise à 5 km à l'est, offrent de splendides points de vue sur **Bass Rock**.

Dunbar

Ce village de pêcheurs, au port charmant divisé en deux sections, est surtout connu pour être le lieu de naissance du naturaliste John Muir (1838–1914), fondateur du système des parcs nationaux américains. Sa maison (John Muir House), au 126 High Street, met en lumière son enfance à Dunbar et son acharnement à établir les parcs de Sequoia et de Yosemite. Le John Muir Country Park, à quelques pas du port, le long de Belhaven Bay et sur la côte orientale du Lothian, très accidentée, a été nommé en son honneur. Les ruines du château de Dunbar en font partie.

Haddington

Etablie sur la rivière Tyne, cette petite ville de province prospère, au charme paisible, est la digne héritière de ses *gentlemen farmers*, pionniers de la révolution agricole du XVIIIe siècle. Le fruit de leurs innovations en termes de mécanisation, de semences et d'élevage est présenté dans les belles maisons à pignons dressées dans le triangle formé par Court Street, High Street, Hardgate et Market Street.

istockphoto.com/IcarusImages

Le lagopède d'Ecosse est une espèce endémique du Royaume-Uni.

Au sud du centre-ville, l'église paroissiale **St Mary**, la plus grande d'Ecosse, résonna des prêches de John Knox, un enfant du pays. Consacrée au début du XVe siècle, elle vaut le détour pour ses tombeaux à baldaquin en albâtre du XVIe (aile Lauderdale).

Les monts Lammermuir

Cette écharpe de collines peu élevées, aux sommets aplatis entrecoupés de ruisseaux, marque la frontière entre le Lothian oriental et la région des Borders. Au sud de Haddington, le hameau de **Gifford** (XVIIIe) marque le point de départ de plusieurs sentiers bien balisés – qui rejoignent le Southern Upland Way, un chemin de grande randonnée reliant Lauder, au sud-ouest, à Cocksburnspath sur la mer du Nord. Nombre d'entre eux empruntent des voies anciennes tracées par les conducteurs de bestiaux et les charretiers en route vers l'Angleterre.

istockphoto.com/Dodd

Saurez-vous trouver la sortie du labyrinthe de Traquair House?

Les Scottish Borders

Les Borders englobent la partie orientale des Southern Uplands, un ensemble de collines semées de bruyère, entrecoupées de rivières rapides et de landes mornes battues par les vents – entre les monts Lammermuir au nord et les monts Cheviot au sud (Northumberland anglais), au-delà de la Tweed. De Peebles à Melrose, les élégantes demeures des cités commerçantes et les abbayes romantiques tranchent avec les bois profonds de la vallée de la Tweed, au centre de la région.

Peebles

Cette ville charmante, à 45 minutes de route d'Edimbourg, enjambe la Tweed. Cernée par des pentes boisées, elle fait une bonne base d'où explorer la vallée.

Dans l'une des maisons victoriennes de High Street, le **Tweeddale Museum and Gallery** fut conçu par William Chambers, un éditeur originaire de la ville. Le musée présente des copies en stuc des frises du Parthénon et un *Triomphe d'Alexandre* du XIXe siècle. L'histoire de la ville et de la région y sont aussi évoquées.

Traquair House

Le manoir de Traquair, sur l'autre rive de la Tweed, face au village d'Innerleithen, serait la plus vieille résidence habitée de Grande-Bretagne – les Maxwell Stuart y sont établis depuis 1491! Avant cela, les rois s'en servaient comme pavillon de chasse. Elle accueillit aussi des prêtres réfugiés. La demeure n'a rien perdu de son charme d'antan: on découvre le salon superbement meublé, les chambres à coucher majestueuses, la salle à manger, la bibliothèque et la chapelle, mais aussi la petite pièce où la femme de charge se reposait entre deux appels.

Un **labyrinthe** de haies géant fait la joie des petits et grands tandis que la brasserie du XVIIIe siècle a été remise en état. Elle produit une bière très appréciée, la Traquair House Ale. Au-delà, le parc s'ouvre sur des bois de chênes et de pins.

Melrose

La ville de Melrose, semée de cottages pittoresques et de fières demeures géorgiennes ou victoriennes, s'amarre aux berges de la

Tweed avec, en toile de fond, les trois pics des monts Eildon. Sa tranquillité légendaire n'est brisée qu'une fois l'an, en avril, par le tournoi de rugby à sept – une tradition remontant à 1883, lorsque la ville donna naissance à cette version particulièrement enlevée d'un sport qui l'est pourtant déjà sacrément.

Derrière la place du marché, les ruines de l'**abbaye cistercienne de Melrose** (fondée en 1136 par David Ier) ont résisté aux hommes de Richard II (1386) et d'Henri VIII (1545), qui tentèrent par deux fois de la raser. L'église abbatiale de style gothique tardif date des XIVe et XVe siècles. Parmi les éléments finement sculptés et les gargouilles, on peut voir, sur le versant sud de la nef, un cochon jouant de la cornemuse! Le cœur de Robert Bruce, enterré ici même dans un coffret en plomb, a été redécouvert en 1996; il est maintenant conservé dans la **Commendator's House** voisine.

Abbotsford House

A l'est de Melrose, la demeure où Sir Walter Scott vécut de 1812 à sa mort en 1832 est devenue un véritable sanctuaire dédié à sa vie, à son œuvre et à l'Ecosse telle qu'il la concevait. L'écrivain rénova et agrandit la ferme en lui adjoignant un ensemble d'éléments architecturaux différents inspirés de monuments écossais connus qu'il admirait – le porche du palais de Linlithgow, le cloître de l'abbaye de Melrose, divers bastions, poivrières d'angle et façades à pignons étagés. Habitée par les descendants de Scott jusqu'en 1994, elle appartient désormais à l'Abbotsford Trust. De grands travaux de restauration de la maison et des jardins ont récemment été entrepris et devraient durer jusqu'en 2013. Durant cette période, tout le domaine restera ouvert au public.

Dans la bibliothèque, aux côtés des 9000 ouvrages rares de Scott, est présentée une étonnante collection de reliques: une mèche de cheveux de Bonnie Prince Charlie, la tasse de Robert Burns et le sac de Rob Roy! Dans l'armurerie sont conservés son poignard, son sabre et son *sporran* (une bourse en cuir portée sur le devant du kilt).

Dryburgh Abbey

Sir Walter Scott a choisi d'être inhumé dans les ruines de ce monastère médiéval entouré par de vénérables cèdres, au milieu des collines à l'est de Melrose. Fondé au XIIe siècle par des moines de l'Ordre sévère des prémontrés, venus du Northumberland, il a été maintes fois reconstruit. Près de la tombe de Scott se trouve celle de Sir Douglas Haig, un officier qui s'est illustré lors de la Première Guerre mondiale.

Les trois bâtiments futuristes du Science Centre, sur la rive sud de la Clyde.

Pictures Colour Library

Glasgow

Le visage urbain de Glasgow, riant ou triste, est à bien des titres celui de l'Ecosse moderne tout entière. Actuellement, il tendrait plutôt au sourire... Les habitants, pleins de verve et de bonne humeur, ont balayé l'image de la métropole industrielle lugubre pour faire briller ses joyaux – architecture superbe, musées et théâtres de qualité, excellents restaurants et, sans discussion possible, les meilleurs pubs du monde! L'atmosphère est désormais aussi cosmopolite ici qu'à Edimbourg, quoiqu'un peu plus «écossaise».

Depuis les années 1930, Glasgow a perdu près de la moitié de sa population en faveur des banlieues et des nouveaux districts, mais elle demeure, avec quelque 590000 habitants, la plus grande ville d'Ecosse (Edimbourg n'en comptant que 485000).

Le centre-ville

Le district s'étirant autour de George Square, au nord de la rivière Clyde et à l'est de l'autoroute M8, a valu à Glasgow cette appréciation du poète anglais John Betjeman, un connaisseur en matière d'architecture: «la plus belle ville victorienne du monde».

Le quartier, peu étendu et bien restauré, se découvre idéalement à pied; le métro permet de rejoindre sans peine le West End.

George Square

La fierté des habitants de Glasgow pour leur passé florissant s'exprime sur la principale place de la ville, aux superbes bâtiments. Au centre, une colonne supporte une **statue de Sir Walter Scott**, cerné par une pléthore d'autres héros écossais et de dignitaires anglais, en particulier une effigie équestre de la reine Victoria, appréciée des Ecossais car elle en vint à préférer leur pays à l'Angleterre.

Glasgow City Chambers

Dominant George Square par l'est, les Glasgow City Chambers ne sont rien d'autre, malgré leur nom, qu'un Hôtel de Ville – certes altier et imposant. Dessiné par William Young, le bâtiment néo-Renaissance fut inauguré en 1888 par la reine Victoria, à une époque où Glasgow était la deuxième ville de l'Empire. Les frises de la façade évoquent la gloire de la souveraine, les colonies, les quatre territoires du Royaume-Uni et les principes qu'ils devaient inculquer – allégories du Savoir, de la Vertu et de la Religion. Une visite guidée gratuite permet de découvrir l'intérieur richement orné de dorures et de marbre, avec ses escaliers monumentaux.

Merchants House

De l'autre côté de George Square (à l'angle nord-ouest de la place), l'imposante Merchants House, édifiée en 1874 par John Burnet, abrite actuellement le siège de la **Chambre de Commerce de Glasgow**. Sa tour à coupole est surmontée d'un globe terrestre sur lequel glisse un navire doré aux voiles carrées – symbole du commerce maritime qui fit autrefois la richesse des marchands de la cité.

Merchant City

Les entrepôts (XVIIIe) et les maisons de commerce (XIXe) de ce quartier, étendu au sud-est de George Square, ont bénéficié d'un lifting; galeries d'art, boutiques à la mode, bars et cafés occupent désormais les rez-de-chaussée, laissant les étages supérieurs à des lofts chics.

Le National Trust for Scotland, dont le siège pour Glasgow est installé dans l'élégant **Hutchesons' Hall** (1805), au 158 Ingram Street, propose brochures et audio guides pour découvrir les principaux édifices de Merchant City. Vous pourrez aussi y voir une exposition permanente («Glasgow Style») dédiée aux dernières tendances de l'art local.

A l'angle des rues Ingram et John, l'**Italian Centre** fournit un bel exemple de reconversion d'entrepôts en magasins et cafés sélects.

Sur Glassford Street, la **Trades House**, à l'emblématique coupole en cuivre vert, est le seul bâtiment de Glasgow dû à l'architecte Robert Adam; elle fut achevée deux ans après sa mort, en 1794. Bâtie pour 14 guildes, dont celles des boulangers, tisserands, fabricants de bonnets et charpentiers de marine, elle abrite encore aujourd'hui leurs activités charitables (visites sur rendez-vous).

Gallery of Modern Art

Ce musée controversé (Royal Exchange Square) occupe l'ancienne demeure extravagante d'un grand commerçant de tabac du XVIIIe. Ses 4 étages, divisés en autant de sections (Terre, Eau, Feu et Air), exposent des œuvres de Niki de Saint-Phalle, David Hockney, Andy Warhol ou encore du photographe brésilien Sebastião Salgado – sans oublier les artistes de l'avant-garde écossaise, dont Ken Currie, Peter Howson et Adrian Wiszniewski. Ateliers et discussions ont lieu dans le «studio» de l'étage supérieur.

The Lighthouse

Situé sur Mitchell Lane, à l'ouest de Buchanan Street, le «Phare» abrite le **Centre écossais pour l'architecture, le design et la ville**. Il occupe l'ancien bâtiment du *Glasgow Herald*, le premier édifice public réalisé en 1895 par Charles Rennie Mackintosh (d'où son nom actuel de Mackintosh Tower). L'emblématique tourelle d'angle servait de château d'eau pour alimenter les pompes en cas d'incendie – fréquents – dans la salle

RÉSURRECTION

Au cours des vingt dernières années, Glasgow a fait littéralement peau neuve, surmontant les années de dépression pour devenir l'une des villes les plus agréables d'Ecosse. Au XVIIIe siècle, le port s'enrichit grâce au commerce des textiles, du charbon et du poisson avec l'Europe et l'Amérique, important en retour sucre, rhum et tabac. Puis, par la sidérurgie, l'industrie chimique et la construction navale, les entrepreneurs du XIXe siècle établis sur la rivière Clyde tirèrent de Glasgow l'or sombre de la révolution industrielle. Enrichis, ils firent élever nobles demeures et maisons victoriennes, parmi les plus belles du pays, autour desquelles s'organisait une vie sociale et culturelle intense.

Mais tout s'écroula après la Première Guerre mondiale et Glasgow se retrouva bientôt associée à la vision de ses quartiers défavorisés plongés dans la grisaille et la tristesse.

Les autorités municipales prirent les choses en main dans les années 1980. Leur but: donner un nouveau visage à Glasgow. Suie et crasse ont peu à peu disparu, rendant aux maisons d'antan les teintes d'origine de leurs grès chamois et prune. Les vieux entrepôts abritent désormais galeries d'art, théâtres et musées. Lorsque Glasgow fut élue «Ville européenne de la Culture» en 1990, seuls ceux qui n'y étaient pas retournés depuis longtemps haussèrent les épaules. En 1999, sa distinction comme «Cité de l'architecture et du design» entérina sa reconversion.

istockphoto.com/rfwil/McCarthy/Leyden

Pictures Colour Library

Vue plongeante sur Buchanan Street, à l'architecture victorienne.

des presses du journal. Un nouvel escalier permet d'accéder au réservoir reconverti, consacré aux étapes majeures de la vie et de l'œuvre de l'architecte, puis au sommet pour une vue superbe sur la ville. Des expositions temporaires de qualité sont consacrées à l'architecture et au design.

Sauchiehall Street

S'étendant à l'ouest du Royal Concert Hall et du centre commercial de Buchanan Galleries, la rue Sauchiehall (prononcez «sokihôle») signifie, en gaélique, «allée de saules». Son nom a inspiré à Mackintosh et à sa femme Margaret les motifs du célèbre **Willow Tea Rooms** – un salon de thé restauré à l'identique, à l'étage du n°217. Les rangées de saules (*willow*) dessinées en lignes courbes compensent la conception autrement très angulaire des lieux.

Typique du goût de Glasgow pour les mélanges entre ancien et moderne, le **Centre for Contemporary Arts** (CCA, 350 Sauchiehall) organise expositions, représentations et projections de films d'art dans le cadre des Grecian Chambers. Cet immeuble de bureaux restauré fut bâti en 1865 par l'architecte Alexandre Thompson dit «le Grec» – dont on comprend aisément le surnom.

Glasgow School of Art

La rue Dalhousie mène par une pente raide au 167 de la rue Renfrew, où siège encore l'Ecole des Beaux-Arts de Glasgow. Considérée comme la plus belle réussite architecturale de Mackintosh, elle fut construite en deux temps, le bâtiment principal en 1899, puis l'aile ouest en 1909. Sur la façade massive, des éléments inspirés des châteaux et des manoirs écossais se mèlent au métal ouvré moderne et les formes rectangulaires caractéristiques du travail de Mackintosh aux courbes naturelles propres à l'Art Nouveau. Des étudiants de l'école conduisent les visites guidées. Tout a été conçu pour qu'ils puissent travailler dans les meilleures conditions. Les ateliers sont illuminés par de vastes baies vitrées orientées au nord et le carrelage des couloirs est marqué de codes de couleur destinés à simplifier l'orientation dans ce vaste édifice! Du mobilier ancien est exposé dans la **Mackintosh Room** et l'on peut voir des objets conçus par l'architecte dans la **Furniture Gallery**, au niveau supérieur de l'école.

Tenement House

En redescendant la colline par Buccleuch Street, au nord-ouest de l'Ecole des Beaux-Arts, on atteint, au n°145, cette maison du début du XXe siècle préservée sous les auspices du National Trust for Scotland. Le logement d'Agnes Toward et de sa mère est présenté dans ses moindres détails, avec son mobilier, ses ustensiles ménagers, ses lettres personnelles, cartes postales, photos de vacances et notes de courses accumulées de 1911 à 1965.

L'East End

Saltmarket et High Street délimitent Merchant City. Au-delà, l'East End incarne encore l'image populaire triste du vieux Glasgow, avec les vestiges de son quartier ouvrier jadis densément peuplé – ce sont ses habitants qui permirent la création des richesses nécessaires à la construction des splendides édifices du centre-ville. La Grande Dépression a condamné les usines et, longtemps, seuls demeuraient quelques cafés tristes, pubs et magasins. Mais aujourd'hui, le quartier se rajeunit, avec la construction de logements modernes et de centres de loisirs.

The Barras

Ce nom fait référence aux brouettes (*barrows*) et aux étalages du plus grand marché aux puces de la ville. Organisé le week-end, il s'anime dans les rues et ruelles pavées au sud de Gallowgate – d'immenses portes rouges marquant son entrée «officielle». On trouve ici vêtements neufs ou d'occasion et bric-à-brac le plus divers, parfois même une vraie antiquité, mais la plupart des visiteurs viennent avant tout pour l'atmosphère joyeuse des lieux.

Glasgow Green

L'espace vert s'étirant jusqu'à la Clyde, au sud de London Road, avait déjà vocation de pré communal (*green*) au Moyen Age; ce serait le plus ancien parc public du pays. Les habitants de Glasgow viennent s'y balader et certains font même encore valoir leur droit à y étendre le linge! Historiquement, l'endroit est associé à Bonnie Prince Charlie, qui y parada avec ses troupes en 1745, aux Chartistes (partisans de l'extension des droits démocratiques) qui y organisèrent des manifestations dans les années 1830 et aux ouvriers qui y terminaient leur marche du 1er mai jusque vers 1950. Le patriotisme est affirmé par un monument à Lord Nelson haut de 44 m.

People's Palace and Winter Gardens

Au nord du Green, ce musée folklorique a été amoureusement rénové. Il offre désormais une image vivante des réalités industrielles et sociales de Glasgow. Bien que l'humour tienne une grande place dans la présentation, des sujets comme l'alcoolisme ou le hooliganisme sont aussi abordés. Une place de choix est également donnée aux capitaines d'industrie de la ville – parmi eux l'importateur de thé Thomas Lipton et l'éditeur William Collins. La vie quotidienne dans les logements populaires est mise en scène à travers un spectacle son et lumière très réussi. Les «jardins d'hiver» – une superbe serre victorienne – abritent un café, au cœur d'une végétation tropicale peuplée d'oiseaux.

Autour de la cathédrale

La cathédrale se dresse à l'est de la ville (au nord de High Street), à l'endroit même où débuta la colonisation du site de Glasgow.

istockphoto.com/Young

Zarra Facmac? Au People's Palace, vous pourrez acheter un guide linguistique amusant d'argot de Glasgow (appelé Glasgow Patter). On y apprend que *zarra facmac* signifie «vraiment?», que les *breeks* sont des pantalons, *wean* des enfants, *bunnet* une caquette, *jorries* des billes et *clappie doos* des moules. Et si vous ne comprenez pas tout, surtout *don't throw a flaky* (ne vous énervez pas !), comme on dit ici.

Le Glasgow Patter est une sorte de mélange d'anglais des Highlands et d'anglais irlandais. Rien d'étonnant compte tenu du nombre important de migrants venus de ces contrées aux XIXe et XXe siècles. Cet argot – remarquablement fantaisiste pour inventer des mots – est utilisé dans le langage courant à Glasgow et même parfois dans les journaux, les magazines et les émissions de radio. En constante évolution, il imagine de nouvelles expressions (p. ex. *nugget* pour «idiot») et des surnoms pour les célébrités locales.

Glasgow Cathedral

Consacrée à Mungo, le saint patron de la ville qu'il fonda en 543, la cathédrale gothique remonte pour l'essentiel au XIIIe siècle. Elle est réputée pour les remplages de pierre du jubé séparant la nef du chœur (XVe) et pour la voûte en éventail de la crypte, où est conservé le tombeau de saint Mungo. La plupart des vitraux sont modernes. L'ornementation médiévale et les sculptures furent détruites au XVIe siècle par les iconoclastes de la Réforme opposés à «l'idolâtrie» – après que le dernier archevêque catholique eut fui en France, emmenant une grande partie du trésor…

La nécropole

Offrant une belle vue sur l'arrière de la cathédrale, la nécropole, que l'on atteint par un «Pont des Soupirs», est conçue sur le modèle du cimetière parisien du Père-Lachaise, mais se détache de façon insolite sur l'arête d'une colline. Elle regroupe les tombeaux monumentaux et élaborés de l'aristocratie marchande de Glasgow. Au sommet se dresse un monument à John Knox.

St Mungo Museum of Religious Art and Life

Ce musée se consacre à Mungo, ainsi qu'aux arts et aux objets cultuels des grandes religions. Il comprend même un jardin zen.

Provand's Lordship

Dressée face au musée, cette simple maison (1471) est la plus vieille de Glasgow. D'abord partie intégrante d'un hospice pour les pauvres, elle devint plus tard taverne, puis maison de passe… Le mobilier et les peintures illustrent son histoire singulière. Derrière le bâtiment a été aménagé un jardin de plantes médicinales (St Nicholas Garden), identiques à celles utilisées au XVe siècle.

Les miracles de Mungo. Mungo aurait fondé la ville au VIe siècle. Son surnom, signifiait «bien-aimé» – son véritable patronyme, Kentigern, évoquait plutôt un «grand chef». La cloche figurée sur les armes de la ville est un cadeau papal pour appeler les fidèles à la prière. Les autres emblèmes représentent les trois miracles jugés nécessaires au Moyen Age pour atteindre la sainteté. Le poisson est un saumon que Mungo pêcha dans la Clyde, une alliance royale dans l'estomac – sauvant ainsi de l'exécution une reine adultère. L'oiseau est un rouge-gorge tué par ses camarades d'étude et ressuscité par lui. L'arbre symbolise la branche de noisetier gelée qu'il enflamma par la force de sa prière, après que ses coreligionnaires eurent éteint le feu sacré du monastère.

Le West End

Le secteur de prédilection de la bourgeoisie de Glasgow depuis le XIXe siècle étend ses rues aérées et lumineuses à l'ouest de l'autoroute M8, autour de Kelvingrove Park et de l'Université. Fuyant la saleté du centre et de l'East End, les familles d'industriels et d'entrepreneurs bâtirent des demeures cossues, de belles résidences et des rangées de maisons dans la verdure bordant la rivière Kelvin. En 1870, l'Université délaissa à son tour ses quartiers confinés proches de la cathédrale, puis de grands musées sortirent de terre dans le sillage d'expositions internationales. Aujourd'hui, de nombreux cafés, pubs, restaurants et magasins chics se regroupent sur Byres Road, l'artère principale du West End – étirée entre les stations de métro Hillhead et Kelvin Hall. Plusieurs musées importants sont situés aux alentours.

Hunterian Museum and Art Gallery

Le plus ancien musée public du pays se divise en quatre sites répartis sur le campus de l'Université. En plus des deux décrits ci-après, il comprend le **Hunterian Museum** (collections d'archéologie, d'histoire, de médecine, etc.) et sa toute nouvelle section sur les Romains en Ecosse, et le **Zoology Museum**, avec notamment une importante collection d'insectes (réouvertures: septembre 2011).

Hunterian Art Gallery

Ce musée (82, Hillhead St) est réputé pour sa collection d'œuvres de James McNeill Whistler (1834–1903), la plus importante hors des USA. Vous y découvrirez aussi le travail de Mackintosh et de ses contemporains et collaborateurs, ainsi que celui des «Glasgow Boys» – James Guthrie, George Henry et Edward Atkinson Hornel – et des coloristes écossais – Leslie Hunter, Francis Cadell, John Duncan Fergusson et Samuel Peploe.

Mackintosh House

En 1963, la demeure où vécurent de 1906 à 1914 l'architecte Charles Rennie Mackintosh et sa femme Margaret (une artiste) s'affaissa avant de devoir être détruite. La Hunterian Art Gallery s'arrangea pour sauvegarder ce qui pouvait l'être et décida de reconstituer, dans une galerie adjacente au musée, les pièces principales de la résidence.

Kelvingrove Art Gallery and Museum

Ce bâtiment monumental en grès rouge, édifié pour accueillir l'Exposition Internationale de 1901, constitue un bel exemple du style seigneurial écossais grandiloquent qu'affectionnaient les magnats de l'industrie. La rénovation de 2006 a permis de révéler l'architecture victorienne présente sous certaines installations modernes qui ont été retirées. De nouveaux espaces d'exposition ont également été créés.

Le musée abrite une collection exceptionnelle couvrant des domaines fort variés. Vous passerez ainsi des dinosaures à l'Egypte ancienne, des premiers peuples de l'Ecosse à sa faune et sa flore, des grands maîtres de la peinture européenne – des primitifs flamands aux impressionnistes – au design, avec, bien évidemment, une salle consacrée à la vie et à l'œuvre de Mackintosh. Ne manquez pas le *Christ de Saint Jean de la Croix* de Dali, une «vue supérieure» de la Crucifixion.

hemis.fr/Frilet

A la Hunterian Art Gallery, vous pourrez voir une chambre à coucher de Charles Rennie Mackintosh.

La Clyde

A l'époque de la révolution industrielle, la rivière Clyde et le port de Glasgow étaient d'une importance capitale pour les relations commerciales avec l'Amérique du Nord. Avec le développement massif du trafic maritime (grâce à l'introduction du système des conteneurs), le fleuve ne fut bientôt plus assez efficace pour le transport des marchandises vers l'intérieur des terres et perdit peu à peu de son influence.

Grâce à son projet Clyde Waterfront, la ville de Glasgow, en partenariat avec des financiers privés, œuvre pour redonner un rôle majeur dans la cité au fleuve délaissé et à ses rives. Plus de 200 projets individuels ont pour objectif de rendre les berges plus attrayantes, de proposer un site attractif pour les entreprises et créer des emplois, sans oublier d'y développer le tourisme.

Les timides premiers pas sur la voie de la réhabilitation de la Clyde remontent aux années 1970–1980; depuis 2001, un calendrier précis programme les travaux jusqu'en 2025 – parmi les différents projets déjà mis en œuvre: des immeubles de bureaux ou résidentiels en verre, des sentiers le long des berges, le **Clyde View Park**, ainsi que des ponts futuristes, parmi lesquels le **Clyde Arc** en forme d'arche.

Riverside Museum

Ouvert en juin 2011, ce gigantesque musée, réalisé par l'architecte anglo-irakienne Zaha Hadid et dont les courbes du toit évoquent des vagues, se dresse à Pointhouse Quay, au bord de la Clyde. Il remplace l'ancien Musée des Transports de Kelvin Hall et devrait attirer deux fois plus de visiteurs que ce dernier, qui était déjà le deuxième musée le plus visité du Royaume-Uni. A côté des locomotives à vapeur, tramways, vieilles voitures, avions de combat et nombre d'autres moyens de transport, le musée met en lumière l'histoire fabuleuse de la construction navale à Glasgow. Vous découvrirez des bâtiments de la flotte marchande du XIXe siècle, les premiers bateaux à vapeur et les grands paquebots nés sur les chantiers navals de la Clyde, nommés en l'honneur des reines d'Angleterre (Mary, Elizabeth et Elizabeth II). Pour compléter la visite, vous pourrez monter à bord du trois-mâts *Glenlee*, encore en état de naviguer, amarré face au musée.

Des tours sur la Clyde sont également proposés.

Clyde Auditorium

Faisant partie du projet de redéveloppement du Queen's Dock, le **Scottish Exhibition and Conference Centre** mérite l'attention pour son superbe auditorium SECC & Clyde, conçu par Sir Norman Foster. Le toit de la salle de concert et de spectacles, composé de 8 «carapaces» d'aluminium emboîtées, lui a valu le surnom d'«Armadillo» (le Tatou).

Au sud de la Clyde

De l'autre côté de la rivière, en face de l'Exhibition Centre, se trouve le Glasgow Science Centre. Au-delà du quartier de Govan et de l'Ibrox Stadium des Glasgow Rangers s'étend une banlieue huppée entourant les espaces verts du Pollok Park et du Queen's Park. On trouve ici l'un des plus beaux musées de Glasgow et plusieurs joyaux architecturaux associés à Mackintosh et Alexander «Greek» Thomson.

Glasgow Science Centre

Inauguré par la reine Elisabeth II en 2001 sur la rive sud de la Clyde, le Centre de Science de Glasgow s'articule autour du Science Mall en forme de croissant et habillé de titane. Les expositions sont consacrées aux développements actuels et futurs de la science et de la technologie. Le personnel du centre, des scientifiques qualifiés, est là pour vous aider et vous conseiller; l'accent est mis sur des expositions et des ateliers interactifs, ainsi que des spectacles live. Parmi les principales attractions figurent un **planétarium** et un **cinéma IMAX**.

La **Glasgow Tower** (105 m), conçue pour tourner sur elle-même, offre un point de vue spectaculaire depuis la plate-forme d'observation – vérifiez avant de vous y rendre que les ascenseurs fonctionnent.

The Burrell Collection

La Collection Burrell a investi un édifice moderne bâti en 1983 dans le cadre superbe du **Pollok Park**, à 5 km du centre, pour présenter les formidables collections d'objets d'art accumulés par le magnat de l'industrie navale William Burrell. Dans le patio, des sculptures de Rodin et de Jacob Epstein voisinent avec le monumental vase romain dit «de Warwick» (IIe siècle). Les antiquités mésopotamiennes, égyptiennes, grecques et romaines sont regroupées en une même section. Une seconde, consacrée au Moyen Age, permet d'admirer, en plus des tapisseries, argenterie et verrerie, de nombreux éléments d'architecture intégrés dans les murs mêmes du musée – portails romans, dentelle de pierre gothique, autel en albâtre anglais et vitraux rhénans. On découvre encore des œuvres de grands peintres européens, dont Rembrandt, Giovanni Bellini, Degas, Pissarro, Cézanne et Manet.

Pollok House

Situé de l'autre côté du parc, au sud-ouest de la Collection Burrell, ce manoir a été conçu par William Adam en 1752 pour la famille Maxwell – qui habita Pollok de 1269 à 1966! On y trouve une belle collection d'art espagnol (El Greco, Murillo et Goya) ainsi que des peintures de William Blake. Mais c'est bien la demeure qui attire le plus l'attention par son style raffiné et son joli parc planté de rhododendrons et coupé par le lit de la petite Cart River. Les visiteurs parcourent librement la bibliothèque et la salle de billard et descendent dans la pièce des employés de maison, transformée en un salon de thé où sont servies des pâtisseries maison.

House for an Art Lover

Cette «maison pour un amoureux des arts» a été édifiée entre 1989 et 1996 à Bellahouston Park (au nord de Pollok), selon un plan de Charles et Margaret Mackintosh. Les deux étages supérieurs sont utilisés par l'Ecole d'Art de Glasgow, mais d'autres pièces sont accessibles au public – la salle de musique, une salle à manger aux murs marquetés et au sol dallé, et le salon ovale, conçu pour que les femmes puissent s'y retirer pendant que les hommes partageaient brandy et cigares.

Holmwood House

Située dans la banlieue de Cathcart, à 6 km du centre, Holmwood House (61–63 Netherlee Road) se perche sur les berges de la Cart. Joliment restaurée, la villa illustre les goûts hellénisants de l'architecte Alexander Thomson. Le salon, le parloir et la salle à manger sont ornés de marbre, d'acajou et de stucs – dont une frise de scènes de l'*Iliade* d'Homère.

Sweetheart: la plus romantique des abbayes cisterciennes écossaises.

hemis.fr/Wysocki

Le sud-ouest

Plaisamment appelé «les Highlands des Lowlands», le paysage vallonné du sud-ouest de l'Ecosse était connu au Moyen Age sous le nom de Galloway. Ses ports actifs du Solway Firth furent souvent à l'origine de conflits entre l'Angleterre et ses chefs rebelles à toute autorité – d'où le grand nombre de châteaux en ruine. Mais la région, incarnée par la pittoresque petite ville de Kirkcudbright, est aujourd'hui l'une des plus tranquilles d'Ecosse. On y vient aussi en pèlerinage sur les traces du poète Robert Burns, né à Alloway sur la côte de l'Ayrshire, tandis que la plus grande réserve forestière de la Grande-Bretagne, Galloway Forest Park, attire les visiteurs vers l'un des plus beaux coins naturels des Southern Uplands.

Dumfries

Ancrée sur les berges de la rivière Nith, légèrement en retrait du Solway Firth, la «reine du Sud», comme on la surnommait au Moyen Age, fut un port de commerce prospère avant d'être dépouillée de la plupart de ses attraits par les armées anglaises. Le joli pont de Dervorgilla (XVe) a survécu, de même que la cour de justice et prison de Midsteeple (1707), située sur High Street.

La mémoire du poète Robert Burns, mort à Dumfries en 1796 à l'âge de 37 ans, est entretenue à l'**auberge du Globe** (56 High Street), l'une de ses tavernes préférées. Des panneaux indiquent le chemin de sa **maison** (Burns House), située sur… Burns Street, où l'on peut voir manuscrits, lettres et livres. Il repose à **St Michael's Church**, dans un mausolée aussi incongru que colossal en compagnie d'une statue de «Robbie taquinant la Muse»! Le **Robert Burns Centre**, installé dans un vieux moulin sur le bord de la rivière, se consacre – au travers de documents originaux et d'objets ayant appartenu au poète – à ses dernières années à Dumfries.

Sweetheart Abbey

Les magnifiques ruines en grès rouge de l'abbaye édifiée par les cisterciens en 1273 dans un style gothique se dressent à 12 km au sud de Dumfries. Le site tient son nom («mon chéri») de la dévotion compulsive que portait sa bienfaitrice, Lady Dervorgilla, à son mari Sir John Balliol, fondateur de Balliol College à l'Université d'Oxford. Après son décès, elle fit embaumer son cœur, le conservant auprès d'elle jusqu'à leur enterrement commun dans le presbytère de l'abbaye…

Caerlaverock Castle

A 13 km au sud-est de Dumfries, le château, cerné par une double couronne de douves, est magnifiquement entouré par des bois de saules et des marécages nés sur la berge orientale de la Nith, à son embouchure dans le Solway Firth. Bâti au XIIIe siècle sur un plan triangulaire unique en son genre, il fut attaqué et reconstruit à de multiples reprises durant les trois siècles suivants – expliquant la juxtaposition de ses tours médiévales à mâchicoulis et de ses élégantes façades Renaissance.

A proximité, le **Caerlaverock Wetland Centre** couvre 950 hectares de prés salés et de bancs de vase où vivent quelque 25000 oiseaux parmi lesquels cygnes chanteurs et bernaches nonnettes.

Castle Douglas et Threave Garden

Amarré sur les rives du loch de Caerlingwalk, presque à mi-chemin de Dumfries et de Kirkcudbright, Castle Douglas n'est pas un château, mais une petite ville fondée par Sir William Douglas au XVIIIe siècle.

Sur la route longeant le lac, le Threave Garden, une école d'horticulture gérée par le National Trust for Scotland, attire les amoureux des plantes pour ses jardins de roses et de rhododendrons, ainsi que pour ses spectaculaires floraisons de jonquilles (200 variétés) au printemps.

Kirkcudbright

Né sur les berges d'un bras de mer s'ouvrant sur le Solway Firth, Kirkcudbright (prononcez «Kir-kou-bri») tient son nom de la Kirk of Cuthbert, une église depuis longtemps disparue autour de laquelle il grandit.

Une atmosphère paisible et digne enveloppe le port, serré à l'ombre du **château de MacLellan**, une puissante bâtisse du XVIe aux airs de résidence princière. Le centre-ville, au joyeux mélange d'humbles cottages de briques, de belles villas géorgiennes et de maisons victoriennes attira les peintres de l'école de Glasgow, les «Glasgow Boys». Parmi eux, Edward Hornel élut domicile sur High Street, dans **Georgian Broughton House**, où l'on peut voir son jardin japonais, ses peintures et des œuvres des membres du groupe. D'autres toiles sont exposées au **Tollbooth Art Centre**.

Wigtown

A 30 km à vol d'oiseau de Kirkcudbright, vers l'ouest, Wigtown est la «ville du livre» écossaise – un paradis pour les rats de bibliothèque. Des festivals ont souvent lieu, avec lectures de poésies et autres manifestations dans les nombreuses librairies.

Galloway Forest Park

Ce parc forestier couvre 750 km^2 de collines plantées de pinèdes denses et entrecoupées de ravins profonds, de landes, de lochs placides et de chutes d'eau. Le **Visitors Centre de Clatteringshaw Loch**, au sud-est, distribue cartes et brochures explicatives sur la faune et la flore. Chèvres sauvages, cerfs rouges, faucons et aigles dorés peuvent être observés. Explorez les crêtes des Rhinns of Kells et les collines de Mullwarcher, ou prenez le sentier plus aisé (22 km) contournant le loch. Il passe à proximité de **Bruce's Stone**, l'une des roches près de laquelle Robert Bruce se serait reposé après l'une de ses victoires sur l'ennemi anglais.

A l'ouest du parc forestier de Galloway, **Portpatrick** marque le début du plus grand sentier de randonnée d'Ecosse: le **Southern Upland Way**. Le chemin de 450 km serpente le long du Rhinns of Galloway, une presqu'île à l'extrême ouest en forme de tête de marteau, traverse tout le pays, loin des routes, au cœur d'un paysage légèrement vallonné, jusqu'à Cockburnspath sur la côte orientale.

Ayr

Son charme victorien et sa longue plage sablonneuse continuent de valoir à la cité balnéaire les suffrages de la bonne société de Glasgow. Attirés peut-être par ce mot de Robert Burns, affirmant qu'aucune ville ne la surpasse en terme «d'hommes honnêtes et de jolies filles», les citadins affluent vers le champ de courses, fondé en 1770. Bien que l'histoire d'Ayr remonte au XIIIe siècle, la plupart des édifices médiévaux ont disparu, et l'Hôtel de Ville néo-classique, coiffé d'une imposante flèche, ne date que du XIXe siècle. Seul demeure le vénérable **Auld Brig**, un «vieux pont» sur la rivière Ayr aux pavés restaurés, qui inspira un poème à Robert Burns.

A l'est du pont, l'**Auld Kirk**, financée par Oliver Cromwell en 1654, abrite une remarquable chaire de pierre dans un intérieur autrement sévère. Loudon Hall (1534), sur South Harbour Street, est l'une des plus anciennes maisons de commerce d'Ecosse. Et dans le port, le *Waverley*, le dernier vapeur à aubes de haute mer, propose des croisières depuis Ayr ou Glasgow (jours variables selon les mois).

La plage s'étire au sud-ouest du centre-ville. Elle est bordée par une esplanade sur laquelle se greffent des villas victoriennes et des maison d'hôtes – la plupart autour de Wellington Square.

Alloway

Avalé par l'extension d'Ayr en direction du sud, ce village attire essentiellement les aficionados de Robert Burns. Le poète y naquit en 1759 dans une maison blanche à toit de chaume devenue musée, où sont conservés manuscrits, peintures et autres objets personnels. Il y passa les sept premières années de sa vie.

St Andrews attire les joueurs de golf du monde entier.

Pictures Colour Library

Le centre

Les paysages sauvages de l'Ecosse, montagnes, vallées, lochs et forêts, apparaissent au nord de Glasgow et d'Edimbourg, au-delà du Firth of Forth. Ce pays moutonnant s'étend d'ouest en est depuis le loch Lomond, à travers les collines et les vallées densément boisées des Trossachs – enserrant la vieille ville de Stirling, son château et ses champs de bataille – jusqu'à l'ancien royaume de Fife et la mer du Nord, avec la ville universitaire de St Andrews, patrie royale du golf. Juste au nord, on trouve encore Perth et le vieux palais de Scone.

Stirling et environs

Sa position stratégique, en plein cœur du pays et à cheval sur la rivière Forth et cernée de terres marécageuses, fit longtemps de Stirling le seul point de passage pour les armées se rendant du nord au sud de l'Ecosse. Les batailles y furent innombrables – dont celles de Stirling Bridge en 1297, puis de Bannockburn en 1314, marquées par des victoires décisives sur les Anglais. Le château royal attire tous les regards, mais la ville animée (35000 habitants) possède aussi de charmants magasins, des pubs et des restaurants fréquentés par les étudiants.

Stirling Castle

Couronnant la ville depuis ses hauteurs, la forteresse, majestueuse, peut légitimement se comparer au château d'Edimbourg. Haut de 75 m, le piton volcanique allongé sur lequel elle se hisse fut fortifié dès la prise de contrôle de la région par les Pictes. Le château actuel remonte essentiellement aux XVe et XVIe siècles, époque où il devint l'une des résidences favorites des Stuart.

Commencez la visite par le **Great Hall** aux murs de grès chaulés. Superbement restauré, il fut construit par Jacques IV en 1504. Parmi les nombreux grands banquets organisés ici, l'un d'eux, en décembre 1566, eut lieu pour le baptême de Jacques VI, futur Jacques Ier d'Angleterre. Etendue sur 43 m de long et large de 14 m, la salle est la plus grande de ce genre en Ecosse – remarquez les cinq énormes cheminées nécessaires pour parvenir à la chauffer. Derrière le Great Hall se trouvent les **Royal Kitchens** (anciennes cuisines royales), qui évoquent la préparation des grands repas de l'époque grâce à leurs personnages grandeur nature.

Juste en face du Great Hall, le **King's Old Building** (1496) s'agrippe au sommet de l'éperon rocheux, site de fortifications plus anciennes destinées à repousser les attaquants venant de l'ouest. Il abrite désormais un musée consacré au bataillon des Highlanders de l'Argyll et du Sutherland. Entre les deux bâtiments, la belle **chapelle**

istockphoto.com/fotoVoyager

Statue de Robert Bruce qui s'élève en contrebas de Stirling Castle.

royale fut reconstruite en 1594 pour le baptême du prince Henry, le fils de Jacques VI.

Du côté nord de la cour (ou Inner Close), le splendide **palais Renaissance** de Jacques V, qui ne fut terminé qu'après sa mort, en 1542, vient d'être rénové. Les sculptures de pierre et les élégantes fenêtres de la façade doivent leur touche française aux architectes et aux maçons de la veuve du roi, Marie de Guise.

L'**esplanade** au pied de la colline du château sert fréquemment de scène pour les concerts en plein air de musiciens célèbres tels que Bob Dylan ou R.E.M. C'est ici que la ville organise chaque année les célébrations du Nouvel-An. Vous pourrez y voir une statue de Robert Bruce.

Les murailles

En 1547, pour protéger Marie Stuart des armées d'Henri VIII, une fortification de gros rochers de basalte fut dressée autour du périmètre sud de la vieille ville. On peut encore voir la section qui encercle le château en direction du nord, en empruntant le **Back Walk**, un sentier de promenade dont le point de départ se situe au niveau de l'Office du Tourisme (Dumbarton Road).

La vieille ville

Fondée au XIIe siècle, la ville de Stirling est née autour de quelques ruelles pavées au sud de la forteresse et n'a plus cessé de se développer. En contrebas du château, **Argyll's Lodging**, jadis résidence du comte du même nom, est un bel exemple de demeure de ville du XVIIe siècle.

Un peu plus bas se dressent les ruines de **Mar's Wark**, un palais inachevé (XVIe) en partie détruit lors du soulèvement jacobite de 1745. Puis prenez **Broad Street** vers le sud-est, l'ancienne rue du marché bordée de beaux bâtiments restaurés, sur laquelle flotte une atmosphère médiévale.

Church of the Holy Rude

Cette belle église gothique («de la sainte croix», tout comme Holyrood) a été reconstruite au XVᵉ siècle après un incendie dévastateur – son chœur et son abside n'étant achevés qu'en 1555. Jacques VI y fut couronné en 1567 à l'âge d'un an après l'abdication de sa mère, Marie Stuart. Remarquez l'exceptionnelle charpente aux poutres de chêne, vieille de 600 ans, maintenue uniquement par des chevilles de bois.

Old Town Jail

Située sur St John Street, cette redoutable forteresse fut bâtie en 1847 pour remplacer la prison (XVIIIᵉ), pire encore et surpeuplée, installée de l'autre côté de la rue. Elle a été transformée et des acteurs en costume y mettent en scène les difficiles conditions de vie dans les prisons de l'ère victorienne. Pour changer un peu d'atmosphère, on peut profiter de la vue sur la ville et la Forth Valley depuis le toit.

Les ponts de Stirling

Des fouilles sont en cours, en aval du **Old Bridge** du XVᵉ siècle, au nord du château, sur le site du fameux Stirling Bridge en bois – où William Wallace remporta une célèbre victoire sur les Anglais en 1297. Seules quelques pierres des fondations ont été retrouvées au fond de la rivière Forth.

Le Wallace Monument se dresse sur la colline d'Abbey Craig.

Wallace Monument

Cette tour carrée rendant hommage à l'un des héros militaires préférés des Ecossais a été érigée en 1869 à 3 km au nord de Stirling, là où se tint William Wallace en 1297, pour observer l'avancée des troupes anglaises vers le Stirling Bridge. Le sommet (64 m), atteint par 246 marches, révèle une vue superbe à l'ouest sur la montagne de Ben Lomond et à l'est sur le vieux royaume de Fife. A l'intérieur, des expositions retracent l'histoire de Wallace – on peut notamment y voir son épée –

et celle de la construction du monument. Le Hall of Heroes honore la mémoire d'autres Ecossais célèbres, comme Sir Walter Scott, Robert Burns, Adam Smith ou Robert Bruce.

Cambuskenneth Abbey

Au sud du monument dédié à William Wallace, un joli sentier mène à travers bois jusqu'au clocher de cette abbaye du XIVe siècle – dernier survivant d'un monastère augustinien fondé en 1147 par David Ier. Robert Bruce y réunit son Parlement en 1326 et le roi Jacques III (1451–1488) y fut inhumé aux côtés de sa femme Margaret. On peut aussi s'y rendre à pied depuis Stirling, en allant vers l'est.

Bannockburn

Les patriotes écossais – ou ceux que l'histoire passionne – se rendent en pèlerinage sur ce champ de bataille où se joua la plus grande victoire écossaise sur les Anglais, le jour du solstice d'été de 1314. Une statue équestre moderne de Robert Bruce marque l'endroit (à 3 km au sud-est de Stirling) et le **Bannockburn Heritage Centre** met en lumière le déroulement des combats. On imagine la déroute de l'armée anglaise, trois fois plus nombreuse mais empêtrée dans les marécages. Dans l'impossibilité de recourir à leur cavalerie, les Anglais furent mis en pièces par les lanciers écossais descendus de la colline. Chaque année, le samedi le plus proche du 24 juin, une procession du souvenir se rend de Stirling jusqu'au champ de bataille de Bannockburn. Arrivé devant la statue de Bruce, le chef du Parti national écossais prononce un discours enflammé pour commémorer la victoire sur les Anglais.

Lochs et lacs. Tandis qu'un lac est une étendue d'eau douce, le loch peut être d'eau douce ou salée. Une jeune écossaise originaire d'Aberfoyle les différencia ainsi: «un lac c'est sympa, mais un loch c'est toujours beau. Il s'étire à l'infini, il est cerné par des montagnes et forêts, il attire héros, poètes et amoureux... bref, un loch ça n'existe qu'en Ecosse.»

Pictures Colour Library

Les Trossachs

Dressés sur l'horizon à 20 km au nord-ouest de Stirling, les Trossachs, surnommés «Highlands en miniature», s'étendent jusqu'aux rives du loch Lomond. Tout ici évoque une Ecosse onirique: brumes, montagnes bleues et solitaires, lochs aux reflets d'argent et vallées boisées d'un vert profond, prenant à l'automne des teintes d'or et de sang. Rendue célèbre par *La Dame du Lac* (1810) de Sir Walter Scott, la région attira ensuite bien des visiteurs – dont la reine Victoria. Pendant la haute saison, les touristes sont aujourd'hui fort nombreux, mais s'éparpillent heureusement le long des sentiers et à travers le Queen Elizabeth Forest Park. D'autres préfèrent visiter les Trossachs plus tranquillement, au printemps ou à l'automne.

Callander

Porte d'accès aux Trossachs, la bourgade, située à 20 min de route de Stirling, s'ancre sur les berges de la rivière Teith, le sommet du Ben Ledi se découpant à l'ouest. On y trouve antiquaires, boutiques d'artisanat et de lainages écossais, librairies, salons de thé pittoresques et restaurants. Sur Ancaster Square, tout près de Main Street, une église reconvertie abrite l'Office du Tourisme. On y obtient des informations sur le **Rob Roy Way**, un chemin de grande randonnée qui relie en 126 km la plupart des sites associés au célèbre bandit, – depuis Drymen, au sud d'Aberfoyle, jusqu'à Pitlochry, à la limite méridionale des Highlands.

Aux environs de Callander

La randonnée vers le sommet du Ben Ledi (879 m), la «montagne de Dieu», étant plutôt réservée aux marcheurs aguerris, on peut lui préférer une promenade facile à travers les collines, derrière Callander. Vers le nord-est, un sentier traversant la forêt conduit en une heure aller et retour aux **chutes de**

Rob Roy (1671–1734). Les Trossachs ont été le terrain d'élection de ce bandit de grand chemin dont Walter Scott et Hollywood ont fait une sorte de Robin des Bois. Né à Glengyle, le véritable personnage devait son surnom, «Red MacGregor» ou «Rob Roy» (son véritable nom était Robert Rob MacGregor), à sa chevelure rousse. Voleur de bétail, il imposa un racket brutal aux gardiens de troupeaux et aux paysans pauvres, et ne montra aucune loyauté politique, attaquant partisans et adversaires des Jacobites durant le soulèvement de 1715. Il finit ses jours paisiblement et pieusement à Balqhidder (au nord-ouest de Callander).

Paysage mystérieux et envoûtant dans les Trossachs (loch Achray).

Bracklinn, une belle cascade haute de 15 m, décrite par Walter Scott comme une «vague tonnante». Au nord-ouest, depuis la route A84, une gorge boisée mène aux chutes de Leny.

Aberfoyle

Ce joli village s'étend de part et d'autre de la rivière Forth, enjambée par un vieux pont de pierre. Porte d'entrée vers les Trossachs pour la majorité des visiteurs venant de Glasgow, il fait une excellente base pour rayonner dans la campagne environnante – au nord vers le loch Achray et le loch Katrine, à l'ouest vers le loch Ard. Ses carrières d'ardoise, aujourd'hui désaffectées, furent une importante source de revenus tout au long du XXe siècle. Titre de gloire local, les feuilles de roche servirent à fabriquer les tables de billard du paquebot *Queen Mary*!

Lake Menteith

Proche d'Aberfoyle (à l'est), Menteith est, pour une obscure raison linguistique, le seul plan d'eau écossais désigné sous le nom de lac et non de loch. Ses eaux poissonneuses attirent les pêcheurs à la mouche, venus taquiner truite arc-en-ciel et truite commune. Sur l'îlot flottant au centre se dresse le prieuré en ruine d'**Inchmahome** (XIIIe). Le site, romantique, se drape dans un rideau de châtaigniers, de frênes et de chênes. L'abbaye augustinienne cacha Marie Stuart, âgée de cinq ans, lors de sa fuite vers la France. Dans le chœur de l'église éventrée, on peut voir les tombes jumelles du comte de Menteith et de sa femme Mary. Cunningham Graham, un nationaliste écossais mort en 1936 dont les aventures en Amérique du Sud inspirèrent à son ami Joseph Conrad son chef-d'œuvre *Nostromo*, est enterré ici.

Queen Elizabeth Forest Park

Le parc, créé en 1953 pour commémorer l'accession au trône

d'Elisabeth II, couvre une superficie de 16780 hectares, du loch Venachar au loch Lomond. Constitué de bois et de landes, il protège les sources de la rivière Forth sur le flanc oriental du Ben Lomond. Le Visitors Centre de Dukes Pass, juste au nord d'Aberfoyle, dispose de plans des sentiers et d'informations sur la faune et la flore. Cerfs rouges et chevreuils hantent les anciennes forêts de chasse d'Achray et du loch Ard, tandis que les chèvres sauvages préfèrent les hauteurs. Les amoureux des oiseaux recherchent oie cendrée et harle huppé, sarcelle d'hiver et rare tétras-lyre.

Loch Lomond

Célébré par poèmes et chansons pour la beauté de ses rives, le loch Lomond s'étend à 30 km de Glasgow – son caractère sauvage en rien perturbé par les plaisanciers et les nombreux visiteurs. Plus grand lac d'eau douce de Grande-Bretagne (71 km^2), il a été creusé par les séracs de l'ère glaciaire; il s'étire sur 38 km de long et 8 km de large, se rétrécissant fortement au nord. La route longeant la berge occidentale est fort empruntée, mais elle offre de superbes points de vue, depuis de jolis villages comme **Luss** et **Tarbet**, sur les pentes opposées densément boisées. Des balades en bateau au dé-

Une âme écossaise. La célèbre chanson populaire du loch Lomond décrivant ses *«bonnie, bonnie banks»* peut être interprétée de plusieurs manières. Selon certains, elle mettrait en scène deux soldats écossais de Bonnie Prince Charlie faits prisonniers par les Anglais à Carlisle en 1745. L'un d'eux doit être libéré, le second exécuté. L'âme déchirée, ce dernier chante son amour pour son Ecosse natale, que son âme aura rejointe, affirme-t-il, avant son compagnon d'armes.

«By yon bonnie banks and by yon bonnie braes,
Where the sun shines bright on Loch Lomond.
Where me and my true love were ever wont to gae
On the bonnie, bonnie banks o' Loch Lomond.
O ye'll tak' the high road and I'll tak' the low road,
An' I'll be in Scotland afore ye;
But me and my true love will never meet again
On the bonnie, bonnie banks o' Loch Lomond.»

La première publication de la chanson remonte à 1841. Depuis, elle a été reprise et réarrangée dans des styles variés par de nombreux artistes et compositeurs, notamment Ralph Vaughan Williams, Bill Haley and The Comets et AC/DC (version instrumentale).

part de **Balloch**, à l'extrémité sud du plan d'eau, permettent d'approcher certaines de ses 37 petites îles. (Le *Maid of the Loch*, un bateau à aubes, a été restauré de fond en comble; ouvert comme restaurant, il a de plus le droit de célébrer des mariages civils). Sur la rive orientale, le terrain se fait plus accidenté: près de Balmaha, à l'ombre du Ben Lomond (974 m), le loch enjambe la ligne de faille géologique qui traverse les hautes terres de l'Ecosse. Deux sentiers grimpent vers le sommet; le moins ardu (11 km aller et retour pour 940 m de dénivelé) part du parking de Rowardenna, au bord du lac.

Culross

A l'est de Stirling, sur la berge nord de l'estuaire de la Forth, les maisons chaulées et ocre de Culross (prononcez «cou-ross») plongent le visiteur dans l'ambiance du XVIIe siècle. Méticuleusement restaurée sous l'égide du National Trust for Scotland depuis les années 1930, la bourgade impose sa sérénité sur fond de paysages industriels – raffineries de Grangemouth au sud de la Forth, centrale électrique de Longannet et houillère abandonnée de Low Valleyfield de part et d'autre. Culross fut lui-même, en son temps, une ville d'industrie: ses mines de charbon firent la fortune de son seigneur, Sir George Bruce. En 1588, Jacques VI accorda à Culross le statut fiscalement avantageux de «ville royale» en échange d'une partie des profits! Galibots et haveurs ont disparu, mais le **palais de Bruce**, aux pignons à redans (en grande partie reconstruit au XVIIe), demeure à l'ouest du bourg. Vestibule, salons et salles sont lambrissés de pin, avec même des peintures allégoriques sur l'un des plafonds voûtés. A l'arrière, le jardin quadrillé est planté de légumes et d'herbes d'antan – chervis, chou rouge et salsifis, armoise et garance. Chaque année en été s'y tient durant plusieurs jours un festival musical.

Au centre-ville, la **Town House**, devenue siège local du National Trust, aborde l'histoire régionale. Le bâtiment abritait jadis une prison: les débiteurs étaient enfermés au rez-de-chaussée (on y voit des menottes fixées dans le mur), les «sorcières» dans une cellule du grenier en attendant leur exécution à Edimbourg! A la sortie est de Culross se dressent les ruines d'une abbaye cistercienne du XIIIe siècle – dont les moines furent les premiers mineurs locaux.

East Neuk of Fife

Constitué en royaume à l'époque des Pictes, le Fife a conservé plus ou moins les mêmes frontières depuis plus de 1600 ans! Entouré d'eau, il est délimité par le Firth of Forth au sud, la mer du Nord à l'est et le Firth of Tay au nord. Sur les côtes de l'East Neuk («angle oriental»), ports de pêche et stations balnéaires se succèdent. Les pignons à redans et les toits aux tuiles en S donnent aux maisons un air néerlandais – héritage des liens commerciaux avec les Etats du Benelux.

Earlsferry et Elie

Ces deux stations balnéaires partagent une même baie bordée d'une jolie plage et flanquée à chaque bout d'une pointe rocheuse. A l'ouest, Earlsferry aurait gagné son nom («le bac du comte») en fournissant à Macduff, comte de Fife, le vaisseau qui, en 1054, lui permit d'échapper au roi Macbeth. Aujourd'hui, le port attire plutôt des yachts. Les plus belles maisons anciennes s'alignent sur South Street, face à la promenade du front de mer. Derrière se trouve la mairie, tandis que l'église paroissiale (XVIIe) et les boutiques se regroupent à Elie (plus à l'est).

Pittenweem

La plupart des bateaux de pêche de l'East Neuk sont attachés à ce port, dont le marché aux poissons est fort actif dès 8 h du matin. Nombre de maisons et d'auberges à pignons de style hollandais, joliment restaurées, remontent au XVIIe siècle.

Corbis/Rastelli

Un bateau de la flottille de pêche de Pittenweem prend la mer.

Anstruther

La flotte à Pittenweem, les *fish and chips* à Anstruther, le plus gros village de l'East Neuk – la renommée de cette spécialité britannique s'étendrait, selon la personne que l'on consulte, à tout le Fife, à toute l'Ecosse, au monde entier! Installé dans de vieilles maisons dominant le port, le **Scottish Fisheries Museum** retrace l'histoire de la pêche à l'échelle nationale; on découvre un chantier naval reconstitué, un marché au hareng, un cottage de pêcheur et des maquettes de bateaux de

La cathédrale de St Andrews, enveloppée de brume.

différentes époques. Des excursions conduisent à l'**île de May**, refuge de macareux et de canards eiders. Sur les falaises nichent guillemots, mouettes tridactyles et petits pingouins.

Crail

Pittoresque: aucun mot ne saurait mieux décrire le village de pêcheurs de Crail. Dévalant la pente jusqu'aux murs couleur miel du port, les maisons aux toits d'ardoises grises ou de tuiles rondes et roses dessinent un joyeux patchwork de blancs de chaux éclatants, de roux et d'ambre. Comme l'annonce un vieux panneau, homard et crabe frais remplacent ici le fish & chips au rayon des spécialités. Le centre-ville s'organise autour de Marketgate, une esplanade sur laquelle se dressent la mairie d'apparence très flamande, le Tollbooth (cour de justice-prison) du XVIe siècle et, à l'autre bout, St Mary's Church. Le Crail Museum and Heritage Centre et l'Office du Tourisme partagent un même bâtiment, au n°62.

St Andrews

Le nom de son club de golf, l'un des plus célèbres au monde, résume tout St Andrews: «Royal and Ancient». Cette cité, ancrée sur la côte orientale du Fife, naquit en 732 autour d'une abbaye dont l'église est devenue cathédrale. Plus tard fut fondée ici la première université d'Ecosse. La ville (17000 habitants) a gardé son plan médiéval, avec ses trois rues principales (North, Market et South Streets) convergeant vers la cathédrale et menant, au-delà, jusqu'au port fermant l'agglomération à l'est.

La cathédrale

Les ruines gothiques de la cathédrale se perchent sur un promontoire venteux, au-dessus du port. Consacré en 1318 en présence de Robert Bruce, le sanctuaire était alors le plus grand jamais édifié en Ecosse. Mais incendies, tempêtes et armées anglaises se sont succédé au fil des siècles, jusqu'au coup de grâce, en 1559, lorsque les zélotes de la Réforme, stimulés par les prêches de John Knox dans l'église paroissiale, la ravagèrent. De la cathédrale, seuls demeurent l'essentiel du grand mur du pourtour et une partie de la façade ouest. La nef envahie par les herbes conduit vers une dalle de pierre où se trouvait le maître-autel – les reliques de saint André y étaient conservées – puis à la grande fenêtre est. La **tour de saint Rule**, unique vestige d'une église abbatiale plus ancienne, se dresse au sud. Au sud-ouest de l'enclos de la cathédrale, on peut encore voir les voûtes gothiques de la **Pends Gate**, une porte du XIVe siècle qui marquait l'ancienne entrée du prieuré, sur le chemin qui conduit désormais au port.

Le château

Les évêques de St Andrews jouissaient ici d'une relative sécurité, protégés sur trois côtés par la mer et les falaises et, sur le quatrième (côté terre), par une douve. Leur bastion fut néanmoins détruit durant les conflits religieux du XVIIe siècle, ne laissant que des ruines. Le Visitors Centre installé dans la tour d'entrée raconte les meurtres de prédicateurs protestants comme d'évêques catholiques. Il propose aux non-claustrophobes des visites du Bottle Dungeon et des puits de contre-mines.

L'Université

Fondée en 1413 par Jacques Ier pour son tuteur, l'évêque Henry Wardlaw, l'Université s'est développée autour de trois collèges: **St Salvator's** (1450), dont la chapelle se dresse sur North Street; **St Leonard's** (1511) sur Pends Road, une ancienne école privée de jeunes filles devenue collège; **St Mary's** (1538) sur South Street, dont le bâtiment d'origine abrite la faculté de théologie.

The Royal and Ancient Golf Club

Terre sainte des golfeurs venus en pèlerinage depuis le monde entier, les fairways, roughs, bunkers et greens du Royal and Ancient Golf

Saint patron. Saint patron de l'Ecosse (et de la Russie), André est considéré par certaines traditions chrétiennes comme le premier des Apôtres. Il fut crucifié par les Romains à Patras, en Grèce, et pour éviter la comparaison avec le fils de Dieu, il aurait demandé à ce que sa croix soit taillée en X – ainsi qu'elle apparaît sur le drapeau de l'Ecosse. Des moines ramenèrent de ses reliques probablement au VIIIe siècle, avant de fonder la colonie qui allait donner jour à St Andrews.

Club s'étendent à l'ouest de la ville. On compte six terrains, tous publics, mais aucun n'est aussi recherché que l'**Old Course**, un parcours de 6004 m, dont les quatorze par 4, les deux par 3 et les deux par 5 sont le nirvana des *afficionados*. Le «R&A» est à ce point sacré pour les amateurs que son blason peut se permettre d'afficher deux clubs croisés comme le X de saint André sans que quiconque ose crier au sacrilège.

A proximité, sur Bruce Embankment, l'excellent **British Golf Museum** illustre sur ordinateur l'histoire de ce sport *so british* et présente des objets anciens – clubs, balles, vêtements, photos et films des grands maîtres.

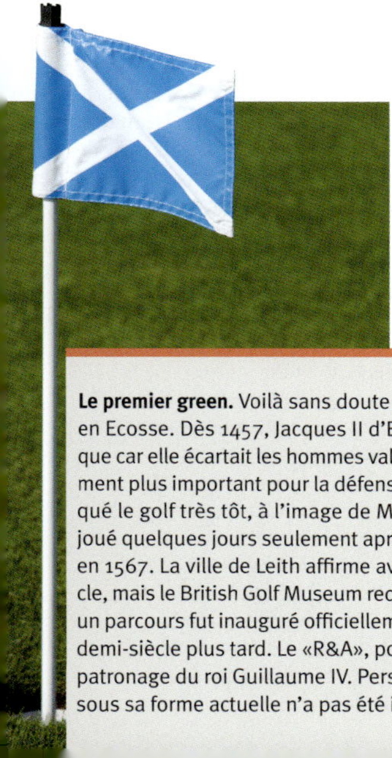

istockphoto.com/George

Falkland Palace

Refuge favori des rois et reines de la dynastie Stuart, le palais de Falkland et ses magnifiques jardins paysagers ont retrouvé toute leur majesté du XVIe siècle. A cette époque, Jacques IV et son fils Jacques V firent du vieux château médiéval (XIIe) des Macduff, comtes de Fife, un relais de chasse idéal pour traquer chevreuils et sangliers dans les forêts proches. Ses courts de tennis royaux, les plus vieux de Grande-Bretagne encore en activité, datent de 1539.

Les élégants bâtiments ont été remodelés au XIXe siècle dans un style néo-Renaissance. Parmi les sections les mieux préservées

Le premier green. Voilà sans doute près de six siècles que le golf existe en Ecosse. Dès 1457, Jacques II d'Ecosse essaya d'en interdire la pratique car elle écartait les hommes valides de l'entraînement à l'arc – autrement plus important pour la défense de la nation! Les femmes ont pratiqué le golf très tôt, à l'image de Marie Stuart, réprimandée pour avoir joué quelques jours seulement après la mort de son mari, Lord Darnley, en 1567. La ville de Leith affirme avoir créé le premier green au XVe siècle, mais le British Golf Museum reconnaît plutôt cet honneur à Perth, où un parcours fut inauguré officiellement en 1502 – St Andrews suivant un demi-siècle plus tard. Le «R&A», pour sa part, fut fondé en 1834 sous le patronage du roi Guillaume IV. Personne n'oserait prétendre que le golf sous sa forme actuelle n'a pas été inventé par les Ecossais.

figurent la chapelle royale, la galerie de tapisseries flamandes du XVIIe siècle et la chambre à coucher du roi – où Jacques V mourut, dit-on, en apprenant que sa femme venait de donner naissance à une fille (la future Marie Stuart) et non à un garçon! La bourgade possède également des maisons des XVIIe et XVIIIe siècles bien restaurées et marque le point de départ de plusieurs sentiers de randonnée dans les Lomond Hills.

Perth

Important port fluvial sur la rive ouest de la Tay, la vieille ville de Perth s'étale au pied des monts Grampian, près du site du fort romain de Berta bâti en l'an 83. David Ier fit redessiner la ville en 1125 selon un quadrillage strict. Le centre, compact, se serre entre deux espaces verts historiques – le **North Inch**, où eut lieu la bataille des Clans en 1396, et le **South Inch**, où se tenaient les réunions politiques et étaient érigés les bûchers des sorcières au XVIIe siècle. L'un et l'autre forment désormais de charmants parcs publics, aux berges aménagées pour empêcher la Tay de sortir trop souvent de son lit.

La **St John's Kirk** (XVe) a été restaurée en 1920 comme mémorial militaire. Le sermon exalté qu'y prononça John Knox en 1559 mena à la destruction de quatre monastères. C'est à l'emplacement de l'un d'entre eux, sur North Port, que Sir Walter Scott situa l'action de son roman historique *La jolie fille de Perth,* dans le pittoresque cottage baptisé Fair Maid's House. La Round House, sur Marshall Place, abrite la **Fergusson Gallery**, où sont présentées les œuvres de John Duncan Fergusson (1874–1961), l'un des membres les plus éminents de l'école coloriste, qui travailla à Edimbourg et Paris.

Scone Palace

Le palais de Scone (prononcez «Scoun») est situé à 3 km au nord de Perth. C'est dans l'église abbatiale du château que Kenneth MacAlpin, seigneur de Kintyre, fut couronné en 843 sur la Pierre de la Destinée. Résidence actuelle du comte de Mansfield, cette noble demeure est fort chaleureuse. Son cœur du XVIe siècle a été restauré avec amour, de même que plusieurs des bâtiments médiévaux qui virent passer Macbeth et Robert Bruce. Les appartements révèlent une magnifique collection de porcelaines et du mobilier d'époque. Une jolie chapelle néo-gothique se dresse sur Moot Hill et les jardins plantés de bois de pins, de grands chênes et de sapins de Douglas – qui portent le nom d'un jardinier du palais au XIXe siècle – accueillent paons et bétail des Highlands.

Coucher de soleil sur Oban – un spectacle aux couleurs presque irréelles…

Pictures Colour Library

Arran et Argyll

Peu peuplée, la région de l'Argyll s'étend des collines à l'ouest du loch Lomond jusqu'à la côte, et au nord de la presqu'île de Kintyre jusqu'au port d'Oban. Le nom gaélique d'Argyll fait référence à la «côte des Gaels», colonisée par des Celtes irlandais au Ve siècle; le gaélique y est encore parlé dans les communautés rurales.
Le temps changeant de la côte ouest vaut pourtant à la région certains des plus beaux jardins du pays – en particulier vers Inveraray, Tarbert et au château de Brodick sur Arran, l'île la plus méridionale d'Ecosse, entre la presqu'île de Kintyre et la côte de l'Ayrshire.

Arran

Reliée à la terre ferme par le ferry d'Ardrossan à Brodick, l'île est coupée en deux par la ligne de faille séparant les Highlands des Lowlands. La majeure partie de ses 4500 habitants vit au sud, moins accidenté et au climat nettement plus doux que le nord montagneux. Les sportifs s'adonnent au golf (avec sept parcours à disposition!) et à la pêche – en mer depuis Brodick et Lamlash ou en rivière à Sliddery, Kilmory (au sud) ou Glen Sannox (au nord).

Brodick

La capitale de l'île d'Arran est un port actif construit autour d'une baie, sur fond de hautes montagnes coiffées par le pic de Goatfell (874 m). L'**Arran Heritage Museum** présente le folklore local dans une petite ferme du XVIIIe siècle réaménagée, mais le château de Brodick reste l'attraction principale. Depuis sa transformation au XIXe siècle, l'ancien berceau des ducs de Hamilton tient plus de la résidence de standing que du château, avec ses 87 massacres de cerfs encadrant l'escalier et la batterie de casseroles en cuivre de la cuisine victorienne. Plus intéressants, les jardins sont plantés de rhododendrons et s'ouvrent sur un parc sillonné de sentiers balisés à travers la forêt, longeant étangs, cascades et ravins.

Lamlash

L'élégante station victorienne, campée le long d'une baie abritée par la petite Holy Island, est appréciée des amateurs de plaisance, de yachting et de pêche en mer (maquereau, morue, carrelet et poisson-plat). Elle fut même base navale en 1918. Sur l'herbe, face à la mer, un monolithe tout simple a été dressé en mémoire des onze familles du village forcées d'émigrer vers le Canada en 1829 à la suite de la politique d'éviction des paysans écossais par le gouvernement.

Holy Island abrite un centre de retraite bouddhique, mais l'accès reste possible pour ceux qui voudraient parcourir ses côtes ou atteindre le sommet du **Mullach Mor** (314 m) – à condition de ne pas faire de feu, de ne pas avoir de chien ni d'apporter d'alcool.

Kildonan

Ce joli village, au sud-est de l'île, possède l'une de ses rares plages de sable et les ruines plutôt branlantes et couvertes de lierre d'un château – tournées vers le phare de l'île de Pladda, ancrée en vis-à-vis. A **Kilmory**, un village voisin, la Torrylinn Creamery produit un fromage savoureux fort apprécié, l'Arran Dunlop.

Blackwaterfoot

Situé sur la côte ouest, ce charmant village domine les plages de galets de la baie de Drumnadoon. Son club de golf (Shiskine) est le seul 12-trous du monde – un par 42, aux fairways battus par des bourrasques et parfois traversés par des visons sauvages…

Araignée du soir, espoir. L'histoire de Robert Bruce et de son araignée fut écrite pour la première fois (inventée disent certains) en 1828 par Sir Walter Scott dans ses *Contes d'un grand-père*. En conséquence, affirma-t-il, les Ecossais prénommés Bruce ne tuent jamais une araignée… Il est vrai que cela est réputé porter malheur – et faire pleuvoir!

Une balade vivifiante mène vers le nord à **King's Cave**, l'une des nombreuses grottes associées à la légende de l'araignée de Robert Bruce. Observant l'animal tenter de tisser sa toile sans y parvenir, le monarque en aurait tiré une leçon: essayer et essayer encore de battre les Anglais – jusqu'à la victoire de Bannockburn. Au-delà, la route atteint **Machrie Moor**, aux vestiges néolithiques vieux de 5500 ans: des cercles de pierre dessinant des maisons rondes et des cairns funéraires.

Lochranza

En dehors de son lien par ferry avec la péninsule de Kintyre, le village vaut le détour pour sa situation enchanteresse sur le loch Ranza (qui lui a donné son nom), formant une sorte de lagune cernée de collines sur trois côtés. Les ruines d'un château du XIIIe siècle se dressent sur un banc de galets. L'**Isle of Arran Distillery**, ouverte en 1995, est la première à produire (légalement!) un pur malt à Arran depuis 150 ans.

Kintyre

Au nord-ouest de l'île d'Arran, seule une étroite bande de terre relie l'Argyll à la pointe nord de la longue presqu'île de Kintyre. Là, le charmant petit port de pêche de Tarbert («isthme» en gaélique), bien protégé, attire les plaisanciers. Mais la plupart des visiteurs s'en remettent au ferry reliant Lochranza (sur Arran) à Claonaig. En optant pour la route longeant le littoral ouest, sauvage et battue par les vents mais plus rapide que la route à voie unique longeant la côte est, on peut descendre vers le **phare** du Mull of Kintyre, un but d'excursion traditionnel. Point de terre britannique le plus proche de l'Irlande (à 19 km), le bout de la péninsule, désolé, est le sujet d'une célèbre chanson de Paul McCartney. Le refrain mentionne «une brume déferlant de la mer» qui peut à l'occasion dissimuler la grande île au regard.

Campbeltown

Campbeltown est le chef-lieu de Kintyre. Des plus de vingt distilleries de pur malt qui lui donnaient jadis son odeur (34 dans tout le Kintyre), deux sont encore en activité (Springbank et Glen Scotia). Une nouvelle distillerie a ouvert ses portes en 2004 (Glengyle). Le **Heritage Centre** installé dans l'ancienne église de Lorne Street explore l'histoire locale. Joyau architectural, la **Wee Picture House**, sur Hall Street, est un cinéma Art déco de 1913.

Inveraray

Cette charmante bourgade à l'architecture géorgienne, accrochée à un promontoire de la rive ouest du loch Fyne, doit son apparence

istockphoto.com/Leyden

Andreas Uebelhart

Goéland argenté en plein vol. | Sur l'île d'Arran, vous verrez certainement des phoques se prélasser sur les rochers.

aux transformations voulues par le duc d'Argyll au XVIIIe siècle. Il fit raser un village de pêcheurs à l'abandon pour édifier son nouveau château. Sur **Main Street** s'alignent deux rangées impeccables de maisons blanches aux élégants encadrements de fenêtres noirs.

Au bout de la rue, le bâtiment néo-classique d'**All Saints Church** était jadis divisé en deux sections, l'une pour les anglophones (au nord), l'autre pour les locuteurs gaéliques (au sud)! Ajouté après la guerre 1914–1918, le clocher, doté de dix cloches très bruyantes, offre de son sommet une vue superbe sur le loch Fyne et les forêts de l'Argyll. A l'est, la **prison** d'Inveraray révèle une belle cour de justice de style géorgien et un musée illustrant la vie carcérale du Moyen Age à nos jours.

Inveraray Castle, toujours résidence des ducs d'Argyll, fut bâti en 1746 juste au nord de la ville et arbore pignons et poivrières de style français. Ayant survécu à deux incendies, il présente toujours de belles toiles de Gainsborough, un superbe mobilier et une collection d'armes et armures, dont le *dirk* de Rob Roy, le poignard traditionnel des Highlands.

Crarae Gardens

Une courte balade en voiture vers le sud-ouest mène aux jardins de Crarae, créés au début des années 1900 dans un ravin dégringolant vers le loch Fyne. Des centaines d'azalées et de rhododendrons s'étalent au pied d'eucalyptus et de conifères altiers.

Kilmartin Glen

A environ 20 km à l'ouest à vol d'oiseau, le village de Kilmartin

Pictures Colour Library

hemis.fr/Boisvieux

On dit qu'un fantôme hante la bibliothèque d'Inveraray Castle. | La distillerie Oban, dans la ville du même nom, conserve des alambics du XVIIIe siècle.

se niche au cœur de la vallée du même nom – l'une des régions préhistoriques les plus importantes d'Ecosse. Dans un rayon de seulement 10 km autour de Kilmartin, dans un paysage vallonné modelé par les glaciers, on peut voir pas moins de 350 monuments archéologiques – dont 150 datent de l'âge du bronze et du Néolithique.

Au sud du village, le «cimetière linéaire», composé de nombreux tumulus funéraires les uns à la suite des autres, s'étire sur 3 km. Depuis **Mid Cairn**, le regard embrasse toute la zone. Non loin de ce «tumulus central», les deux cercles de pierre (cromlech) de **Templewood** se dressent dans un petit bois. En continuant vers le sud-est, les mégalithes de **Nether Largie**, en partie ornés de gravures, s'élèvent à plus de 3 m de haut.

Bonawe

Au nord-ouest d'Inveraray et à environ 20 km d'Oban, la vieille **fonderie de fer** de Bonawe a été préservée par Historic Scotland dans le cadre d'un très joli parc – situé au nord du village de Taynault. De 1753 à 1876, les fabricants de fer anglais firent transporter le minerai extrait à Furness, dans le Cumbria, pour le travailler dans le haut-fourneau de Bonawe, abondamment alimenté en charbon de bois issu des forêts de l'Argyll. Les lingots de première fonte étaient ensuite rapatriés en train vers les forges anglaises. Le procédé de fabrication est présenté dans les vieux hangars à minerai. Chaque année, il fallait l'équivalent de 4000 hectares de bois pour produire 700 tonnes de fer brut... Chênes, bouleaux, aulnes et noisetiers n'étaient pas abattus, mais leurs branches élaguées selon un principe de rotation. Lorsque le coke remplaça le charbon de bois, les fonderies s'en retournèrent en Angleterre.

Oban

L'avènement des vapeurs de l'époque victorienne, puis des ferries desservant les Hébrides intérieures et extérieures a fait d'Oban (qui signifie «petite baie» en gaélique) le plus gros et le plus animé des ports de la côte ouest. Ceux qui disposent d'un moment avant d'embarquer grimperont en dix minutes jusqu'à l'emblématique **McCaig's Tower**, une colossale réplique du Colisée de Rome (1897)! Son promoteur, le banquier John Stuart McCaig souhaitait fournir du travail aux maçons au chômage tout en dressant un monument à sa propre gloire et celle de sa famille. L'intérieur est vide, les statues n'ayant jamais été érigées, mais la vue récompense l'effort. Des croisières dans la baie et vers les îles partent du port d'Oban.

Dans les campagnes, certains hommes portent le kilt tous les jours.

Pictures Colour Library

Hébrides intérieures et extérieures

Ballottées par les vents et les courants marins, les Hébrides (intérieures et extérieures) dessinent un long arc de cercle au large de la côte nord-ouest de l'Ecosse. L'archipelcomprend plus de 500 îles et îlots rocheux, dont seuls environ 80 sont habités, L'île de Skye et les Hébrides extérieures (Western Isles) voisines sont néanmoins populaires, tant auprès des visiteurs traditionnels que des randonneurs cherchant à quitter les sentiers battus et à gravir les montagnes spectaculaires de ces îles.

Skye

La plus courue des îles d'Ecosse, Skye est aussi la plus grande et la plus septentrionale des Hébrides intérieures. Depuis le passage de Bonnie Prince Charlie, en fuite vers la France, elle bénéficie d'une aura romantique. Son littoral très échancré est marqué par de formidables péninsules montagneuses: Trotternish et Waternish (ou Vaternish) s'étendent au nord, Duirinish à l'ouest, Sleat, fertile et verdoyante, au sud. A mi-chemin, Minginish est dominée par les sommets des monts Cuillin – leur pierre rouge à l'ouest et noire à l'est...

Les deux clans ennemis de l'île, MacLeod et MacDonald, lui ont légué son lot de châteaux médiévaux, la plupart en ruine, et une culture gaélique restée très vivante.

On accède aisément à Skye: le ferry relie en 30 minutes Mallaig à Armadale (au sud-est), mais on peut aussi emprunter le Skye Bridge, un pont situé plus au nord, entre Kyle of Lochalsh et Kyleakin. La route A87 trace ensuite son chemin vers Portree, chef-lieu et base de découverte du nord sauvage.

Portree

Son nom gaélique, signifiant «port du roi», remonte à 1540, lorsque Jacques V y relâcha. Principale ville de l'île de Skye, Portree est centrée autour de son port, dominé par une péninsule escarpée (The Lump) où les criminels étaient jadis pendus en public... En toile de fond se dressent de belles falaises boisées. La flottille de pêche et les vapeurs venus de Glasgow et des Hébrides extérieures, qui animaient le port au XIXe siècle, ont aujourd'hui cédé la place aux plaisanciers; seuls demeurent quelques chalutiers.

En surplomb, le centre-ville, propre et bien tenu, conserve le bâtiment de la Mac Nab's Inn (aujourd'hui le Royal Hotel sur Bank Street) où, en 1746, Bonnie Prince Charlie, poursuivi par les troupes gouvernementales, fit ses adieux à la belle Flora MacDonald avant de gagner la France.

Trotternish

Le doigt de terre de la péninsule, étiré au nord de Portree, révèle une succession de paysages parmi les plus spectaculaires de l'île. Héritage d'une longue activité volcanique, la roche basaltique a été façonnée en falaises aux plis en accordéon ou en aiguilles géantes et solitaires, dressées sur la courte plaine côtière.

Old Man of Storr

De Portree, une route longe la côte orientale, passant les lochs Fada («long») et Leathan («large») avant d'atteindre le pied du mont Storr (719 m). Le sommet domine une barrière de falaises et le Old Man of Storr (le «Vieil Homme de Storr»), une colonne rocheuse haute de 50 m, qui semble avoir été projetée par la montagne mère. Son ascension met à l'épreuve les meilleurs alpinistes.

Un peu plus au nord, vous découvrirez deux belles chutes d'eau: les **Leat Falls** qui dégringolent au cœur d'un ravin densément boisé et les Mealt Falls qui se jettent par-dessus les falaises de Kilt Rock – ainsi nommées à cause de leurs «plis» verticaux et de leurs fissures horizontales. Vous pourrez observer fulmars et mouettes tridactyles.

Staffin

Située sur le bord d'une baie sablonneuse, Staffin est la principale agglomération sur la côte orientale de la péninsule de Trotternish.

Flora et Charlie. Fille d'un petit fermier à Milton sur South Uist, Flora MacDonald appartient au panthéon des héros de l'histoire écossaise pour avoir aidé Bonnie Prince Charlie à échapper aux griffes des soldats anglais. Le prince, de son vrai nom Charles Edouard Stuart, jeune prétendant au trône d'Angleterre – perdu par son grand-père Jacques VII d'Ecosse (Jacques II d'Angleterre) – mobilisa les clans écossais contre les Anglais et franchit la frontière anglaise avec son armée jacobite. Après avoir été défait à la bataille de Culloden en 1746, le prince prit la fuite. Flora n'avait que 23 ans lorsqu'elle le rencontra sur l'île de South Uist. Pour favoriser sa fuite, elle le guida «par-delà la mer jusqu'à Skye» («*over the sea to Skye*» comme le dit la fameuse chanson populaire), lui grimé en bonne irlandaise et voyageant sous le nom de Betty Burke… Après leur séparation à Portree, Bonnie Prince Charlie gagna la France où, devenu alcoolique, il connut une fin misérable. Quant à Flora, elle se retrouva enfermée à la tour de Londres. Amnistiée un an plus tard, elle épousa un homme de son clan et émigra en Caroline du Nord aux Etats-Unis – avant de revenir finir ses jours à Skye, près de Kingsburgh.

Son **musée** expose des fossiles et des os de dinosaures découverts à proximité, ainsi que divers objets de l'âge de la pierre (uniquement sur rendez-vous, tél. 01 470 562 321). Au-delà se découvrent les hautes **aiguilles du Quiraing**, les plus impressionnantes formations rocheuses de la région.

Duntulm Castle

Les falaises de Rubha Hunish plongent à pic à l'extrémité nord de la péninsule – permettant parfois d'apercevoir des baleines. Juste au sud se profilent les ruines du château de Duntlum, une redoute du clan MacDonald abandonnée en 1732, selon la légende, après qu'une nurse maladroite eut laissé tomber le jeune fils du chef par une fenêtre.

Museum of Island Life

En redescendant le long de la côte ouest, vous découvrirez le «musée de la vie insulaire». Installé dans un ensemble imposant de cottages aux toits de chaume noir, il conte intelligemment la vie des petits fermiers du XIXe siècle. Derrière les bâtiments, le cimetière abrite les tombes et le mémorial de Flora MacDonald et son mari, morts à Kilmuir.

Le port des ferries d'**Uig**, porte d'accès aux Hébrides extérieures (Harris et Uist) possède une bonne poterie ainsi qu'une excellente brasserie.

Les mailles de la justice. Au cimetière de Trumpan, on peut voir une colonne percée d'un trou: la Pierre du Jugement. Si l'accusé, qui avait les yeux bandés, parvenait à glisser sa main à travers l'ouverture sans tâtonner, il était innocenté! Quant aux sorcières, un sort encore plus funeste leur était réservé: jetées dans le loch, elles étaient reconnues innocentes si elles se noyaient, coupables si elles parvenaient à nager – repêchées, elles étaient brûlées sur un bûcher.

Waternish

Cette étroite péninsule, étendue à l'ouest de celle de Trotternish, constitue un superbe terrain de découverte pour les randonneurs cherchant solitude sur les Hébrides extérieures.

La petite B886 conduit à **Stein**, un joli village aux cottages chaulés, connu pour son merveilleux pub du XVIIIe siècle, la Stein Inn. Au bout de la route, au sommet d'une falaise, les ruines de l'église médiévale de Trumpan sont entourées d'un silence de mort depuis que toute une congrégation de MacLeod y succomba à un incendie en 1578 – une vengeance des MacDonald, dont une centaine de membres de la famille avaient été massacrés l'année pré-

Pictures Colour Library

Sur l'île de Skye on exploite la tourbe, un excellent combustible.

cédente par les MacLeod dans une grotte de l'île d'Eigg où ils s'étaient réfugiés.

Dunvegan Castle

Planté sur les bords du loch Dunvegan, au sud de Waternish, le château de Dunvegan (XVe), appartenant aux MacLeod, affiche des airs de seigneurie écossaise depuis sa restauration à l'époque victorienne. On y expose des reliques quasi sacrées, dont l'incontournable mèche de cheveux de Bonnie Prince Charlie et le «drapeau des fées» (Fairy Flag), une pièce de soie conservée comme talisman par le clan, dont l'un des chefs aurait jadis épousé une fée. Le Rory Mor's Horn est une corne à boire dont l'héritier du clan devait vider le contenu (du vin) cul sec, «sans le poser ni tomber»! Les jardins sont l'attraction principale, et vous pourrez, par beau temps, visiter en bateau une colonie de phoques.

Les monts Cuillin

La silhouette dentelée des pics des Cuillin se découpe au cœur de l'île. Véritable paradis des géologues, le massif se divise en deux. A l'ouest, les **Black Cuillins** doivent leur nom à leurs sommets déchiquetés dont la roche au grain épais, connue sous le nom de gabbro, prend ici une teinte gris foncé. A l'est, les **Red Cuillins**, plus arrondis, sont composés d'un granit roussâtre. Tout promeneur peut apprécier les splendides paysages de la chaîne, mais seuls les alpinistes chevronnés s'attaquent à la vingtaine de *«Munros»*, ces sommets dépassant 3000 pieds (915 m) portant le nom de Hugh Thomas Munro, qui établit la liste des plus hautes montagnes d'Ecosse en 1891.

Sligachan

Facilement atteint par la route A87 qui traverse l'île, Sligachan est la porte d'accès aux Cuillin.

Héritier d'une auberge fondée au début du XVIIIe à l'orée du loch Sligachan, son hôtel renommé fournit guides et vivres aux randonneurs comme aux alpinistes.

La **vallée de Sligachan** entaille le massif, le séparant nettement entre Black Cuillins accidentés et Red Cuillins plus doux. Puis elle bifurque en direction du sud-est, offrant depuis l'étroit lac glaciaire du loch Coruisk de magnifiques points de vue sur les plus hauts sommets. Au sud s'étend la baie sablonneuse de Camasunary.

Carbost

Sur les rives du loch Harport, ce village se développa autour de la **distillerie Talisker**, fondée en 1830 et unique producteur de single malt de Skye. Des visites guidées (avec dégustation…) ont lieu toute l'année.

Brittle

Les alpinistes chevronnés se réunissent dans la vallée pierreuse de Brittle, creusée sur le flanc ouest des Black Cuillins. Du village de **Glenbrittle**, une randonnée un peu plus aisée mène en 8 km aller et retour à Coire Lagan et à un *lochan* (petit loch) aux eaux glacées. En surplomb se dresse le Sgurr Alasdair (993 m).

Elgol

Le port de ferries d'Elgol, établi à la pointe sud de la péninsule de Strathaird, offre certains des plus beaux points de vue sur les monts Cuillin – en particulier depuis la route à voie unique (B8083) venant de Broadford. En chemin, on passe près des ruines Kilchrist Church, d'un cimetière pittoresque et de vieilles carrières de marbre blanc avant de bénéficier, au-delà du loch Slapin, d'une autre échappée, cette fois sur le pic de Bla Bheinn (928 m). La balade s'achève par une descente raide vers Elgol, dont les maisons épousent la colline jusqu'à la jetée.

Sleat

Les visiteurs qui gagnent Skye par le port d'**Armadale** peuvent en profiter pour parcourir la péninsule sud, verdoyante et fertile. Le château des MacDonald, à Armadale, vaut davantage pour ses jolis jardins que pour ses bâtiments lourdement restaurés.

Sur la côte ouest, on trouve de belles plages à Tarskavaig, face aux îles de Rum et d'Eigg, ainsi qu'à Ord, avec une vue splendide sur les Cuillin, vers le nord.

Isle of Mull

De plus en plus populaire (mais pour l'instant moins fréquentée que Skye), cette île joyeuse et hospitalière offre une grande variété de paysages: charmants ports de pêche abrités et côtes rocailleuses déchiquetées, collines

Sur Skye, les moutons ne dédaignent pas le moindre carré d'herbe fraîche...

Andreas Uebelhart

verdoyantes et landes mornes, intérieur montagneux culminant à 966 m au Ben More. Les ferries desservent les ports de la côte est – Craignure depuis Oban et Fishnish depuis Lochaline.

Torosay Castle

Situé juste au sud de Craignure (le petit train de Mull y mène), le château a été réaménagé dans un style seigneurial écossais typique, avec mobilier édouardien et peintures victoriennes. Le meilleur vous attend cependant à l'extérieur. De la superbe terrasse, veillée par des statues dues au sculpteur italien Antonio Bonazza (XVIIIe), le parc, subdivisé en plusieurs sections (jardin japonais, rocaille, plantes des tourbières de l'ouest des Highlands, etc.) s'étend sur plus de 5 hectares jusqu'au bord de mer. L'influence du Gulf Stream favorise une riche végétation.

Tobermory

Maisons peintes de couleurs vives, magasins, hôtels et pubs s'alignent le long de Main Street, face au port, rivalisant d'intensité avec les roses, bleus et jaunes des yachts et des petits bateaux; le chef-lieu de Mull est bien le port de pêche le plus souriant à l'ouest de l'Ecosse. D'autres demeures, aux murs blancs parfaitement chaulés, coiffent la colline boisée dressée en arrière-plan. Si les tentatives de faire de Tobermory un centre de l'industrie du hareng au XVIIIe siècle ont échoué, le chef-lieu est désormais un centre touristique très animé – décor de la série TV pour enfants *Balamory*.

Le **Mull Museum**, consacré au passé, occupe une ancienne boulangerie de Main Street. La petite distillerie locale propose visites et dégustations de son whisky pur malt, dont quelques gouttes sont incorporées dans les douceurs de la Tobermory Chocolate Company.

L'Office du Tourisme (ouvert de Pâques à octobre) renseigne au sujet des excursions à la découverte de la faune de l'île – loutres, marsouins, aigles dorés, pygargues à queue blanche et busards saint-martin. Le **Hebridean Whale and Dolphin Trust** propose en outre des sorties en mer pour observer les baleines.

Dervaig

De Tobermory, une petite route à voie unique grimpe, plonge et serpente sur 12 km vers l'ouest jusqu'au joli village de Dervaig à travers une campagne verdoyante entrecoupée de lochs bleutés. Les cottages chaulés du bourg, vieux de deux siècles, se nichent deux par deux le long de la rue principale datant de 1799, à l'orée du loch a'Chumhainn (pour la prononciation, demandez aux habitants, de langue gaélique!). On remarque la flèche cylindrique de la Kilmore Church.

Bien plus connu, le **Mull Theatre**, créé en 1966 dans une ancienne remise, est réputé pour être le plus petit théâtre professionnel de Grande-Bretagne: il ne compte que 43 places! La troupe monte à la fois spectacles familiaux ou d'avant-garde et se produit régulièrement sur les scènes d'Edimbourg et de Glasgow.

Calgary

Cette petite bourgade à l'ouest de Dervaig abrite la seule plage de l'île, son croissant de sable blanc soulignant la baie. Bien qu'on l'affirme souvent, la ville canadienne de Calgary ne fut pas nommée par des émigrants du village chassés de leurs terres vers 1850, mais 26 ans plus tard par un lieutenant-colonel de la Police Montée, James MacLeod, de retour d'une visite sur le domaine de ses ancêtres, à Calgary Bay (Mull).

Iona

Proche de la pointe sud-ouest de Mull, la petite île attire un grand nombre de pèlerins sur le site du monastère fondé en 563 par saint Colmcille (Columba) et douze de ses disciples. C'est d'ici que le moine entreprit l'évangélisation de l'Ecosse et d'une grande partie du nord de l'Angleterre. Située au nord du port de Baile Mór, l'**abbaye** actuelle a été érigée par les bénédictins vers 1200 et rebâtie au XVe siècle. La restauration du siècle dernier a rendu leur splendeur au cloître gothique et à l'église – en particulier aux chapiteaux sculptés du chœur et du transept sud. Si rien ne demeure de l'époque de Colmcille, un oratoire se dresse sur le lieu supposé de son tombeau, à gauche de l'entrée de l'abbaye. Le cimetière et la chapelle St Oran sont le lieu de sépulture de nombreux rois écossais – jusqu'à Macbeth en 1057.

Staffa

Flottant à quelques encablures à l'ouest de Mull, cette île déserte est desservie par ferry depuis Dervaig et l'île d'Ulva. Elle est célèbre pour les colonnes de basalte noir en tuyaux d'orgue de ses falaises – qui lui ont donné son nom, «pilier» en norvégien. Les plus beaux, encadrant Fingal's Cave, ont inspiré poètes et peintres, jusqu'au compositeur allemand Felix Mendelssohn, qui visita l'endroit en 1829. Les croisières incluent généralement les îles Treshnish, au nord-ouest de Staffa, notamment **Lunga**, qui abrite des colonies de macareux, de guillemots et de petits pingouins.

Islay

Baignée par le Gulf Stream, la plus méridionale des Hébrides intérieures bénéficie d'un climat plutôt doux. Les ferries de Kennacraig (sur la péninsule de Kintyre) desservent Port Ellen – aussi atteint par avion depuis Glasgow.

Islay (prononcez «Aïe-la») est populaire tant auprès des amateurs de whisky, pour ses sept distilleries de pur malt, que des amoureux des oiseaux pour les lochs et les marécages vierges de sa côte ouest.

Le golf de Machrie, au nord de Kintra, est réputé excellent.

Le Whisky Trail

De Port Ellen, les joies de la dégustation dans les distilleries de whisky de la côte sud (Laphroaig, Lagavulin et Ardbeg) sont à portée de main. Les ruines du château de Dunyvaig se perchent sur un promontoire, à l'est de Lagavulin. Toujours à l'est – d'Ardbeg cette fois – se trouve la chapelle de Kildalton (XIIIe siècle).

La plus vieille des distilleries, l'une des plus agréables à visiter aussi, est située à **Bowmore**, le chef-lieu de l'île, siège de l'Office du Tourisme. Les trois autres se répartissent entre la côte nord-est (Caol Ila et Bunnahabhain) et la baie de Lochindaal, face à Bowmore (Bruichladdich).

Pictures Colour Library

istockphoto.com/Sarjeant

Un paysage insolite: les colonnes de basalte sur l'île de Staffa. | Croix celtique dédiée à St John sur Iona.

Leur nom même semble exsuder la saveur de fumée de tourbe des single malts.

Port Charlotte

Fondé en 1828, cet adorable village aux cottages chaulés immaculés constitue une base de choix pour partir à la rencontre de la faune de l'île – et surtout de ses oiseaux. L'excellent **Islay Natural History Centre** délivre de précieux conseils en la matière. Oies cendrées, harles huppés et aigles dorés fréquentent en particulier le loch Gorm et les Gruinart Flats, ainsi que les Rinns (hauteurs) of Islay vers Kilchiaran.

Les Hébrides extérieures

Peu peuplées et plus sauvages encore, les Hébrides extérieures dessinent un arc de cercle au nord et à l'ouest de Skye, attirant des visiteurs en quête de tranquillité. Exposé aux humeurs de l'Atlantique, le littoral déchiqueté est hérissé de falaises et entrecoupé de quelques rares baies abritées.

Dans l'intérieur des terres, les paysages sont plus contrastés. Au nord s'étendent les tourbières désolées de Lewis, les pics nus de North Harris et les montagnes de South Harris, drapées de bruyère colorée, qui dominent de belles étendues de sable.

Plus au sud, les îles de North et South Uist, au cœur rural marécageux, sont cernées d'une couronne de plages battues par les vents.

L'isolement de l'archipel lui a permis de conserver sa culture gaélique, constamment manifestée par les noms de lieux.

Au nord, les îles se sont pliées aux règles intransigeantes des calvinistes de la Free Church, tandis qu'à South Uist et dans les îles situées au-delà prédomine un catholicisme moins austère.

Lewis et Harris

Ces deux îles n'en forment en fait qu'une, reliée par un isthme étroit au niveau de **Tarbert**, qui est, avec 21000 habitants, la ville plus importante des Hébrides. Ferries et petits avions gagnent le chef-lieu, **Stornoway** – *Steornabhagh* en gaélique. Sur South Beach, l'Hôtel de Ville, de style seigneurial écossais, expose des œuvres d'artistes locaux dans la An Lanntair Arts Centre du premier étage. Sur Cromwell Street, au Lewis Loom Centre – un ravissant petit bâtiment en pierre dont les poutres sont d'anciens poteaux de télégraphe, des mâts de bateau ou du bois d'épave – on assiste à des démonstrations de tissage du tweed de Harris, célèbre pour sa robustesse (mais désormais produit ailleurs).

Callanish (Calanais)

Situé à l'ouest de Stornoway, le village est réputé pour ses menhirs vieux de 3000 à 4000 ans, hauts pour nombre d'entre eux de 4 à 5 mètres. Au fond du loch Roag, un fjord de la côte nord-ouest, les monolithes ont été disposés en cercles reliés par une avenue. Dressés tels des fantômes gris sur une colline, ils sont apparemment alignés sur des points significatifs du cycle lunaire – peut-être pour l'usage des fermiers de l'âge de pierre. Les fans de New Age aiment à spéculer sur des interventions d'extraterrestres et autres sacrifices humains. Quant à la légende locale, elle prétend qu'un «être de lumière» parcourt l'avenue à l'aube du solstice d'été. On compte en tout trois ensembles (Calanais I, II et III). Un centre d'informations a été aménagé sur une colline au sud du site principal.

North Uist

Au port de **Lochmaddy** (*Loch nam Madadh*), où débarquent les ferries, ne manquez pas le superbe musée et le centre artistique installés dans une demeure de marchand du XVIIIe siècle connue sous le nom de Taigh Chearsabhagh.

Deux sites préhistoriques se trouvent à proximité: le cairn de **Barpa Langais**, perché sur une colline, et le cercle de pierres de **Pobull Fhinn**, au bord du loch Langais. Dirigez-vous ensuite vers les magnifiques plages de sable des côtes nord et ouest, idéales pour se baigner, observer les oiseaux ou jouir de la solitude.

South Uist

L'île peut se prévaloir de la plus belle plage des Hébrides extérieures, à l'arène tantôt dorée tantôt argentée, étirée tout au long de sa côte ouest. On y accède aisément depuis le superbe village de chaumières de **Howmore** (*Tobha Mòr*). En arrière-plan s'étendent des terres herbeuses et riches en calcaire typiques des côtes des Highlands, le *machair*.

A environ 8 km au sud, le **Kildonan Museum** illustre avec goût la vie à South Uist de l'âge du bronze jusqu'à nos jours. Tout près se dresse un cairn devenu mémorial à Flora MacDonald, dont la maison d'enfance se trouvait à proximité.

Saint-Kilda

Flottant à 65 km à l'ouest des Hébrides extérieures, les trois petites îles de Saint-Kilda sont inhabitées depuis les années 1930 – à l'exception d'une station radar militaire sur une partie de Hirta, la plus grande. Géré par le National Trust for Scotland, l'archipel forme désormais une réserve naturelle où viennent se reproduire les oiseaux marins – fulmars, macareux et fous de Bassan (qui ont ici leur plus grande colonie au monde).

laif/Krinitz

Comme vous l’apprendrez certainement au cours de votre séjour, la fabrication d’un bon whisky est tout un art.

Le nord-est

Dessinant un vaste triangle au nez pointé vers la mer du Nord, le nord-est de l'Ecosse possède deux grands centres urbains: Dundee (au sud), un bastion industriel du XIXe siècle, et Aberdeen (à l'est), récemment enrichi par le pétrole. La région est réputée pour ses châteaux royaux proches de la rivière Dee et pour les distilleries de whisky pur malt des berges de la Spey. Ses vallées sont dominées, à l'ouest et au nord, par les monts Grampian et Cairngorm, annonçant les Highlands.

Dundee

La grandeur industrielle de Dundee s'est évaporée avec le XXe siècle, mais la ville (155 000 habitants) conserve une vie culturelle animée, avec de beaux musées et un édifice moderne impressionnant conçu par l'architecte américano-canadien de renommée mondiale, Frank Gehry. Quelques témoins de l'élan urbain du passé se découpent sur l'horizon tandis que l'on traverse le **Tay Road Bridge**, un pont long de 2250 m – au centre duquel court une voie piétonne. Dundee a construit sa notoriété et sa prospérité sur trois spécialités fort disparates (les trois J): la confiture (*jam*), la toile de jute et le journalisme! La première a déménagé, mais les fabriquants continuent de vendre la plus grande spécialité de la ville sous le nom de Dundee Orange Marmalade; la seconde s'est exilée en Inde depuis longtemps déjà. La troisième seule demeure, avec ses quotidiens, ses magazines et, plus populaires encore, ses bandes dessinées.

Le centre-ville

Le centre, aux alentours de City Square, a bénéficié d'une restauration d'une grande ampleur. On y trouve le **Caird Hall** (salle de concert et centre de conférences) et, sur High Street, la colossale statue en bronze de **Desperate Dan**, le héros de la bande dessinée *Dandy* (créée en 1937 à Dundee), avec sa sempiternelle barbe de trois jours et traînant son chien en bout de laisse…

Sa maison d'édition occupe le bâtiment en grès rouge (Courier Building), sur Albert Square, près du **McManus – Dundee's Art Gallery and Museum**, installé dans un superbe édifice néo-gothique de l'époque victorienne (dû à l'architecte Gilbert Scott), récemment restauré. Les collections se consacrent à l'histoire locale, aux instruments de musique, aux arts décoratifs ainsi qu'à la peinture européenne et écossaise des XIXe et XXe siècles.

Le West Side

Plusieurs centres culturels se disséminent aux abords de l'Université de Dundee, à l'ouest du centre-ville. Au n°152 de la Nethergate, le superbe **Dundee Contemporary Arts** a été aménagé… dans un ancien garage! Son atelier d'imprimerie, ses galeries d'exposition, ses deux cinémas d'art et son café à la mode contrastent avec le vieux quartier industriel environnant.

Juste au nord, sur Tay Square, le **Dundee Repertory Theatre** (ou Dundee Rep) présente des spectacles de théâtre moderne et classique et accueille la compagnie Scottish Dance Theatre.

Au-delà, sur West Henderson Wynd, le **Verdant Works** occupe une ancienne usine de fabrication de jute; il en raconte l'histoire et organise des démonstrations sur les machines jadis utilisées pour former les ouvriers.

Maggie's Centre

A l'ouest de la ville, l'hôpital Ninewells a inauguré en 2003 un nouveau bâtiment ultramoderne, le Maggie's Centre, dessiné par l'architecte Frank Gehry. Il abrite un centre de traitement pour patients atteints du cancer. Avec sa tour blanche et son toit aux lignes brisées (typique du travail de Gehry), il s'agit de l'un des édifices récents les plus intéressants d'Ecosse.

Discovery Point

Non loin du pont de Tay Road s'amarre le *RRS Discovery*, un trois-mâts propulsé à la vapeur, construit en 1901 pour l'explorateur britannique Robert Falcon Scott à l'occasion de ses expéditions en Antarctique (il disparut lors de la dernière en 1911). Le navire a été remis en état et raconte les aventures et la fin tragique de Scott.

Meigle Museum

A 24 km au nord de Dundee, la petite école du hameau de Meigle sert de cadre à la plus belle collection lapidaire picte et paléochrétienne d'Ecosse. On peut y voir 26 pierres tombales et croix monumentales datant du VIIe au Xe siècle, ciselées de figures humaines et animales et de symboles rituels à la signification le plus souvent mystérieuse. L'une des pièces a été retrouvée dans les murs d'une distillerie de whisky à l'abandon. La plus belle est une dalle de 2,50 m de haut, gravée d'une croix sur une face et, sur l'autre, de cavaliers, d'un dragon, d'un centaure et d'une scène sans doute biblique qui ferait référence à Daniel dans la fosse aux lions.

Glamis Castle

Majestueusement adossé aux monts Grampian, au nord de Dundee, le château de Glamis (prononcez «glamz») est associé à la fois au *Macbeth* de Shakespeare et à feu la Reine Mère, Elizabeth Bowes Lyon, qui y passa son enfance et y donna naissance à la princesse Margaret. La légende lui attache au moins neuf fantômes. Simple relais de chasse bâti au XIe siècle, il fut remanié au XVIIe, prenant son allure actuelle avec sa forêt de tours, de poivrières et de statues. La demeure est la résidence des comtes de Strathmore, dont le 14e du nom fut le père d'Elizabeth Bowes Lyon, épouse du futur Georges VI d'Angleterre.

La visite guidée permet de parcourir la salle à manger, le grand hall, la chapelle familiale (1688), la crypte du XVe siècle et le Duncan's Hall, lieu imaginaire du meurtre du monarque par le Macbeth de Shakespeare – les historiens suggèrent qu'il mourut en réalité lors d'une bataille près d'Elgin. Des nombreuses peintures flamandes du château, remarquez en particulier le *Marché aux fruits* de Frans Snyders, dans la salle de billard. Le parc paysager, splendide, alterne grandes allées de hêtres et bois de majestueux sapins de Douglas.

Aberdeen

Troisième ville d'Ecosse, Aberdeen (170000 habitants) a grandi à l'embouchure dans la mer du Nord des rivières Don et Dee. Jadis port de commerce prospère, enrichi par la pêche et les chantiers navals au XIXe siècle, la ville a connu un renouveau dans les

istockphoto.com/Crawford

La préparation des *Arbroath smokies*, du haddock fumé.

années 1970 avec le début de l'exploitation du pétrole en mer du Nord. On compte 130 plates-formes aux environs! Le granit des Grampian a non seulement fourni le matériau pour la construction des monuments locaux, mais aussi une source de revenus non négligeable à l'exportation – valant à la ville son surnom de «Granite City».

Autour d'Union Street

Principale artère d'Aberdeen, Union Street descend progressivement à travers le centre jusqu'à Castlegate, à l'est. Le château en question a disparu mais la place de marché pavée demeure, avec la **Mercat Cross** (XVIIe), un piédestal hexagonal orné de gargouilles et d'une galerie de médaillons des rois écossais.

L'Hôtel de Ville (Town House) se trouve sur Broad Street; l'ancien **Tolbooth** (prison) abrite désormais un musée (ouvert de juillet à

istockphoto.com/Beesley

Le calme et la tranquillité règnent sur les Union Terrace Gardens.

septembre) consacré aux arts brutaux de l'incarcération…

Près de Broad Street, au 45 de Guestrow, la **Provost Skene's House** est la plus ancienne demeure privée d'Aberdeen (1545); elle reconstitue des intérieurs tels qu'ils étaient aux XVIIe, XVIIIe et XIXe siècles et abrite en outre une collection de peintures religieuses et de costumes.

Marischal College

Sur Broad Street, cette ancienne université occupe le plus vaste édifice en granit de Grande-Bretagne. On y trouve le **Marischal Museum**: antiquités égyptiennes, canoë de Nouvelle-Guinée, sculptures Inuits, etc. – ainsi qu'une section baptisée «Encyclopaedia of the Northeast» consacrée à l'histoire de la région d'Aberdeen depuis l'époque des gravures pictes jusqu'à celle des distilleries de whisky (actuellement fermé pour travaux).

Art Gallery

Cet élégant édifice néo-classique (sur Schoolhill Street), soutenu par des colonnes corinthiennes, sert d'écrin aux principales collections de la ville depuis le XVe siècle jusqu'à nos jours: artistes écossais et anglais (Raeburn, McTaggart, Ramsay et Reynolds), peintres français (Courbet, Pissarro, Monet, Renoir et Bonnard) et artistes du XXe siècle (Francis Bacon, Ben Nicholson et le sculpteur Barbara Hepworth).

Union Terrace Gardens

Echappez un instant à l'animation dans ces jardins situés en contrebas, à l'ouest du musée. Des fanfares s'y produisent l'été et l'on y bénéficie d'une belle vue sur trois édifices à coupole – la bibliothèque centrale, l'église Saint-Marc et le théâtre royal, collectivement surnommés «Education, Salut et Damnation»…

Le port

De Castlegate, une rue pavée (Shiprow Street) descend vers le port et le **Aberdeen Maritime Museum**. La façade en verre du musée reflète à merveille l'animation des quais, et les activités anciennes et modernes d'Aberdeen sont abordées, en particulier la production de pétrole et de gaz en mer du Nord. Le passé maritime de la ville y est également superbement présenté.

La vieille **Provost Ross's House** (1593), qui fait aussi partie du musée, abrite des maquettes de bateaux et des marines.

Shiprow se poursuit jusqu'à Market Street, sur les quais, où s'amarrent navires de ravitaillement pour les plates-formes pétrolières, remorqueurs et chalutiers. Les visiteurs les plus matinaux pourront parcourir le **marché aux poissons**, dans les halles rénovées entre Commercial Quay et Albert Basin (lundi à vendredi de 4 h à 7 h 30).

La plage

La plage d'Aberdeen se trouve au nord-est du centre-ville. Les enfants apprécient son long ruban de sable propre et la présence du **Satrosphere Science Centre**, qui présente une exposition interactive sur la science (technologie et biologie) aménagée dans un ancien dépôt de tramways – au 179 Constitution Street, derrière le Doubletree by Hilton Hotel.

Old Aberdeen

Cette banlieue à l'atmosphère de village, située au nord du centre-ville, a conservé ses allées médiévales pavées, sa cathédrale du XVe siècle, **St Machar's** – un édifice de granit imposant dominant la rivière Don – et, au sud, des bâtiments universitaires entourant la jolie **King's College Chapel** (1495), à l'architecture gothique.

Deeside

A l'ouest d'Aberdeen, la rivière Dee trace son cours depuis les monts Cairngorm et Grampian à travers des paysages accidentés de vallées et de forêts. Les châteaux seigneuriaux de la région attirent les visiteurs depuis que la reine Victoria vint en villégiature en 1848, quatre ans avant d'acheter le château de Balmoral.

Drum Castle

A 16 km à l'ouest d'Aberdeen, le château médiéval, géré par le National Trust, s'entoure de 40 hectares de chênes et de pins, magnifiques vestiges d'une forêt jadis bien plus étendue. Installé dans un jardin clos, le **Garden of Historic Roses** abrite de nombreuses variétés de roses, certaines cultivées depuis le XVIe siècle. Le puissant donjon crénelé (fin du XIIIe siècle), flanqué d'une demeure de style jacobite, faisait partie de la propriété donnée par Robert Bruce à son écuyer William de Irvine en 1323 – elle resta dans la famille durant plus de 650 ans. A l'intérieur on découvre portraits des Irvine et mobilier de l'époque géorgienne.

Crathes Castle

Le château, situé à l'est du village de Banchory, a été construit autour d'une maison-tour du XVIe siècle. A l'intérieur, on découvre de superbes plafonds peints dans

Le château de Crathes, posé dans un écrin de verdure.

la chambre des Muses, dans celle des Neufs Nobles (personnages bibliques, historiques et mythiques) et dans la Green Lady's Room, réputée héberger un fantôme. Les jolis jardins clos alternent bordures herbacées et petits ifs taillés en topiaire.

Balmoral Castle

La tour initiale du XVIe siècle, bastion de la famille Gordon, fut achetée en 1852 par la reine Victoria et son mari le prince Albert pour l'aménager en résidence royale. La propriété s'étend au cœur d'un pays de collines moutonnantes et de bois, près de la rivière Dee, à 14 km de Ballater – où la gare se dresse encore en souvenir de la première visite de la souveraine en 1848 (la ligne ferroviaire n'est plus en service). La demeure a été dotée de tourelles et des atours typiques du style seigneurial écossais, façonnés dans le granit des proches carrières de Glen Gelder. Seule la salle de bal, la plus grande du château, est accessible au public (généralement de début avril à fin juillet), de même que le parc. En option: balade en poney ou en attelage dans une voiture de laitier reconvertie, randonnée guidée par un ranger et pêche au saumon dans la Dee.

Braemar et Linn of Dee

Le joli village de Braemar est renommé pour les jeux celtes du «Braemar Gathering», organisés chaque année depuis le XIe siècle (désormais le premier samedi de septembre)! C'est aussi une base appréciée par les randonneurs allant, à 9 km vers l'ouest, au spectaculaire Linn of Dee. Dévalant des Cairngorm, la rivière s'y jette dans une étroite gorge rocailleuse, prenant des airs de torrent rageur.

Le Malt Whisky Trail

La «Route du Whisky» vous emmène sur une centaine de kilomètres à travers le Speyside, au nord des monts Cairngorm, près de Dufftown. Les eaux de la rivière Spey et de ses affluents raffinent certains des whiskys purs malts les plus connus (Glenfiddich et Glenlivet) – et font aussi un excellent terrain de pêche au saumon. Les distilleries proposent des visites, généralement guidées, et des dégustations.

SINGLE MALT

La distillation du whisky en Ecosse remonte au Moyen Age. Le terme *single malt* désigne un whisky fabriqué à base d'orge fermenté issu d'une seule distillerie. Son élaboration est réglementée à la lettre près, écartant d'emblée tous les whiskys de grains (le terme *scotch whisky* désigne un whisky produit en Ecosse et par extention tous les whiskies écossais qui n'ont pas l'appelation single malt) produits à partir de céréales différentes – maïs, blé, seigle, avoine, etc. Toute la spécificité des single malts tient dans leur ingrédient de base, l'orge malté (germé). L'orge est d'abord humidifié pour provoquer la germination et libérer le malt du grain. Il est ensuite chauffé pour être séché, dans un four le plus souvent alimenté avec de la tourbe, ce qui lui donne son arôme de fumée.

Dans un second temps vient le «tea making» (préparation du thé!), réalisé dans une cuve de brassage en acier dans laquelle l'orge malté, séché et broyé est mêlé à de l'eau chaude jusqu'à obtention d'un moût sucré. Des levures sont ajoutées au mélange en cours de fermentation pour permettre au taux d'alcool d'atteindre 8%. On obtient ainsi la «weak beer» (petite bière). La première distillation à l'alambic intervient ensuite, portant la mixture à 20% (petit vin). La seconde (et parfois même une troisième) distillation a lieu dans un alambic différent, faisant du «petit vin» et des résidus issus des opérations antérieures un alcool à 70%. Avant d'être mis en fût, celui-ci transite par un élégant récipient de verre à armature de cuivre, où il peut être contrôlé et dirigé par le distillateur. Les entrepôts de vieillissement constituent le saint des saints. On s'accorde généralement pour conférer à cette ultime étape les trois-quarts de l'impact sur le goût du whisky – les 25% restants reposant sur l'orge, l'eau ou la tourbe. Les tonneaux des purs malts écossais sont des remplois: en majorité chêne blanc américain déjà utilisé pour les bourbons, ou chêne européen des sherrys. La chimie complexe des arômes tient pour partie aux locataires précédents des tonneaux, et pour partie à la chance et à la foi... Aucun connaisseur n'avance la même explication, mais tous pratiquent la dégustation avec religion!

Malt Whisky Trail
Lossiemouth
Burnside
St Peter's Kirk & Parish Cross
Duffus
Loch Spynie
Spynie Palace
Lossie Forest
Spey Bay
Findochty
Portessie
Buckie
Kingston on Spey
Tugnet Ice House
Spey Bay
Lochhill
Quarrywood
Bishopmill
Alves
Elgin
Garmouth
Upper Dallachy
Portgordon
Drybridge
Urquhart
Broadley
Benromach Distillery
Glen Moray Distillery
New Elgin
Lhanbryde
Baxters Highland Village
Clochan
Addie Hill
272 m
Mosstodloch
Fochabers
Millstone Hill
301 m
Pluscarden
Barnhill
Longmorn
Dipple
Millbuies
Dallas Dhu Historic Distillery
Inchberry
River Spey
Speymouth Forest
Grange Crossroads
Kellas
Glen of Rothes
Forgie
Aultmore
River Lossie
Newmill
Pikey Hill
355 m
Newlands of Dundurcas
Speyside Way
Mulben
Strathisla Distillery
Keith
Glen Grant Distillery
Rothes
Rosarie
Carn Na Cailleiche
400 m
Hunt Hill
369 m
Rosarie Forest
Hill of Towie
338 m
Dandaleith
Newtack
Macallan Distillery
Maggieknockater
Keith and Dufftown Railway
Craigellachie
Archiestown
Ringorm
Speyside Cooperage
Knockando
Cardhu Distillery
Aberlour
Drummuir
Carron
Speyview
Glenallachie
Glenfiddich Distillery
Balvenie
Strath Spey
Marypark
Glenfarclas Distillery
Milltown of Edinvillie
Dufftown
Ballindalloch
Ben Rinnes
840 m
Bridge of Avon
Glen Rinnes
Achnastank
Glen Fiddich
River Fiddich
Glen Fiddich Forest
Corryhabbie Hill
766 m
Drumin
Glenlivet
River Avon
Glenlivet Distillery
Glen Livet
Tomnavoulin
Speyside Way
N
0
10 km
0
150 Km
N
Iles Orcades
Mer du Nord
Wick
Lochinver
Iles de l'Ouest
Elgin
Keith
Inverness
Skye
Aviemore
Aberdeen
Mallaig
Fort William
Mull
Oban
ÉCOSSE
Islay
Edimbourg
Glasgow
Arran
Irlande du Nord
Carlisle
Belfast
ANGLETERRE
IRLANDE
Ile de Man

Dufftown

L'atmosphère vive et désinvolte des lieux sied bien à la «capitale mondiale» autoproclamée du whisky. Le clocher dressé au milieu de la place principale abrite l'**Office du Tourisme**, où vous trouverez toutes les informations sur la tonnellerie (*cooperage*) et les huit distilleries du Malt Whisky Trail ouvertes à la visite. En plus de celles décrites ci-dessous, vous pourrez découvrir la **Benromach Distillery** (1898), qui produit le tout premier whisky certifié bio du pays; la **Dallas Dhu Historic Distillery** (1899), transformée en musée après sa fermeture en 1983; la **Glen Grant Distillery** (1840) et la **Glen Moray Distillery** (1897).

En juillet, Dufftown organise des Highland Games, des jeux célèbrant la culture écossaise.

Glenfiddich Distillery

Au nord de Dufftown, cette distillerie a été fondée en 1887. En 1963, elle fut la première à commencer à vendre son pur malt dans le monde entier. Elle est la seule de la région à embouteiller son whisky sur place.

Speyside Cooperage

Ancré au confluent des rivières Fiddich et Spey, à 6 km au nord de Dufftown, **Craigellachie** regarde le pont de fer de Thomas Telford (1815). On y trouve la **distillerie Macallan** (qui ne fait pas partie du Malt Whisky Trail) et la tonnellerie Speyside, qui fabrique ou répare chaque année plus de 100000 fûts de chêne destinés à la maturation des purs malts.

Strathisla Distillery

Ses clochetons jumeaux à l'air de pagode identifient de loin la plus ancienne des distilleries du Speyside (1786). Patrie du très renommé Chivas Regal, un whisky aux arômes puissants, elle est superbement située dans la vallée au fond plat (*strath*) de la rivière Isla, à Keith, au nord-est de Dufftown. Les visites sont libres.

Cardhu Distillery

La distillerie de **Knockando** (un village situé à 11 km à l'ouest de Craigellachie) a été édifiée tout près de la source d'eau froide qui vaut au whisky de Cardhu sa spécificité. Lancé au XIXe siècle par une femme, l'établissement prépare un breuvage délicat et fumé, vieilli au moins douze ans.

Glenlivet Distillery

La distillerie de Glenlivet est la première à avoir obtenu sa licence, en 1824, à une époque où les distillateurs étaient encore peu disposés à payer des taxes à l'ennemi anglais d'hier… Le pur malt maison, parfumé, est produit au sud-ouest de Dufftown, sur les berges de la Livet, torrent qui alimente un affluent de la Spey.

Malgré ses longues cornes, la Highland est très docile. Sa frange protège les yeux.

istockphoto.com/Dickson

Les Highlands

Pour la plupart des visiteurs, les Highlands incarnent l'Ecosse même, tandis que des villes comme Glasgow et Edimbourg sont juste la cerise sur le gâteau. Des montagnes vertes et bleutées, des vallées embrumées, des tourbières et des falaises, des lochs aux eaux bleues miroitantes et des torrents peuplés de truites et de saumons, voici tout ce que l'on peut trouver dans les Highlands.

Délimitée sur trois côtés par la mer du Nord et l'Atlantique, la région recouvre les deux tiers de l'Ecosse. Seules deux véritables villes se détachent, Inverness et Fort William. Ailleurs, en dehors du loch Ness et de quelques sites renommés, le territoire, isolé, reçoit bien moins de visiteurs que les régions du sud – une bénédiction pour les amoureux de tranquillité et de grands espaces.

Passé les Grampian, les Highlands débutent vraiment dans la belle vallée de Glencoe, site d'un tragique massacre (voir page 96). Puis l'enfilade des lochs Linnhe, Lochy et Ness trace, sur 100 km, un long fossé (le Great Glen) entre Fort William à l'ouest et Inverness au nord-est. La partie occidentale des Highlands est traversée par la pittoresque «Route des îles» menant vers Skye et les Hébrides extérieures et se redresse, au-delà, vers les montagnes et les lochs marins du Wester Ross. L'extrémité du pays, étirée jusqu'à la pointe la plus septentrionale de John o' Groats, révèle une côte sauvage et venteuse. Plus doux, le littoral oriental est tapissé de pâturages, de bois et de quelques longues plages près des Firths Dornoch, Moray et Cromarty.

Glencoe

Cette magnifique vallée creusée aux flancs des Grampian fait une introduction idéale aux Highlands pour ceux qui s'y rendent par la A82 depuis Glasgow. La beauté idyllique des lieux, aux montagnes tantôt verdoyantes, tantôt semées de rochers, enveloppées dans la brume née des lochs voisins, rend plus poignant encore le tragique épisode qui s'y déroula il y a 320 ans. Des landes couvertes de fougères du Rannoch Moor, la route s'incurve vers l'ouest. Elle traverse Glen Etive avant de suivre la rivière Coe, passant au pied d'une emblématique montagne pyramidale, le Buachaille Etive Mór («grand pâtre d'Etive»), qui culmine à 1022 m.

Tout à l'ouest de la vallée, près du village de Glencoe, le nouveau Visitors Centre dispose d'informations et de cartes sur les sentiers de randonnée. L'ascension des plus hauts sommets comme le Buachaille est strictement réservée aux alpinistes chevronnés, mais on trouve de nombreux sentiers bien balisés qui permettent de profiter de la beauté et des sites historiques de la vallée. On peut y voir cerfs rouges, martres, hermines et belettes; les ornithologues amateurs observeront aussi buses, éperviers, faucons crécerelles et, parfois, un aigle doré.

An Torr et Signal Rock

Ces éperons rocheux sont atteints au terme d'une courte promenade à travers les bois. D'An Torr se révèlent de jolis points de vue sur la vallée et les ruines de la maison d'été d'un chef de clan. Signal Rock, que l'on voit de partout dans le glen, aurait été aux temps anciens l'endroit d'où l'on signalait un danger.

Devil's Staircase

Le célèbre sentier en zigzags de «l'escalier du Diable» faisait partie de l'ancienne route militaire de Kinlochleven, dont la construction par les soldats fut très dure. Son point de départ se situe à 10 km à l'est du Visitors Centre, à côté de l'Altnafeadh Cottage. Partie intégrante du West Highland Way, un chemin de grande randonnée qui mène de Glasgow à Fort William, il grimpe jusqu'à

Le massacre de Glencoe. Le massacre organisé de 38 membres du clan MacDonald, le 13 février 1692 à Glencoe, a été longtemps décrit par les historiens anglais comme un épisode de plus de la vendetta sanglante qui opposa durant des siècles les MacDonald à leurs ennemis les Campbell. Mais l'histoire n'est pas si simple. Certes, une douzaine de Campbell se joignirent aux 130 soldats responsables du carnage. Et, sans doute, les MacDonald, brigands et voleurs de bétail réputés pour leur brutalité, n'avaient-ils rien d'angéliques... Mais les troupes en question, placées sous les ordres de John Dalrymple, procureur général pour l'Ecosse du roi Guillaume III d'Angleterre, furent en fait dépêchées pour «faire un exemple» à l'encontre du clan jacobite. Le chef de clan des MacDonald, qui avait jusqu'au 1er janvier 1692 pour faire allégeance à la Couronne, était en effet arrivé trop tard. C'est ainsi que la haine traditionnelle des Campbell pour les MacDonald servit une cause politique. Selon la tradition d'hospitalité des Highlands, les soldats furent logés par les MacDonald, dont le chef local était apparenté à l'officier supérieur. Après dix jours passés sur place, ils reçurent l'ordre de supprimer leurs hôtes – femmes et jeunes enfants inclus. Selon les mots de Dalrymple: «une lente qui survit devient un pou»! Des quelque 300 membres du clan qui s'enfuirent dans les collines, en plein cœur de l'hiver, beaucoup moururent de froid.

une crête d'où se révèle un superbe point de vue sur le mont Buachaille.

Fort William

Porte d'accès populaire aux Highlands, la ville, fondée en l'honneur de Guillaume III en 1655, est située sur les rives du loch Linnhe, à l'ombre du Ben Nevis, point culminant de la Grande-Bretagne. Sur Cameron Square, le **West Highland Museum** propose une approche vivante de l'histoire et de la vie quotidienne de la région. Les lecteurs de Robert Louis Stevenson remarqueront le fusil espagnol utilisé pour assassiner un collecteur d'impôts local, qui inspira à l'écrivain l'intrigue de son roman d'aventure *Enlevé!* (*Kidnapped*, 1886). Sur la même place, l'Office du Tourisme vous dira tout sur les croisières organisées sur le loch Linnhe et sur les excursions en train à vapeur (Jacobite Steam Train) le long du loch Eil, via Glenfinnan et jusqu'à Mallaig, sur la côte ouest. Ce train a joué le rôle du Poudlard Express dans les films de *Harry Potter*.

Ben Nevis

La plus haute montagne de Grande-Bretagne (1344 m) est aussi la plus populaire et la plus dangereuse. Il n'est pas rare qu'il neige au sommet, même en été; il est donc impératif de rester sur les sentiers balisés et d'emporter chaussures adaptées et vêtements chauds. Les alpinistes empruntent diverses voies, mais les autres s'en tiennent au chemin débutant à la ferme d'Achintree, dans le Glen Nevis (au sud-est de Fort William). Selon le Scottish Mountaineering Club, cette voie «facile» demande 3 h 50 d'effort. Les débutants prévoiront plutôt 5 h d'ascension – et 3 h de plus pour la descente. Lorsque les nuages consentent à s'évaporer totalement, le panorama depuis le

istockphoto.com/Chrisds

Le Buachaille Etive Mór («grand pâtre d'Etive»), gardien de la mémoire de Glencoe.

istockphoto.com/Prill

Montez à bord du Jacobite Steam Train pour revivre les aventures de *Harry Potter*.

sommet est prodigieux, particulièrement au sud en direction des pics de Glencoe.

La «Route des îles»

Etirée entre Fort William et le port des ferries de Mallaig, la «Road to the Isles» emprunte sur 80 km l'itinéraire de l'A830, révélant certains des paysages les plus grandioses des Highlands. Elle suit d'abord le rivage nord du loch Eil, souligné de montagnes, puis trace son chemin vers la péninsule d'Arisaig avant de bifurquer au nord vers Mallaig. La ligne du West Highland Railway suit le même tracé.

Glenfinnan

Fondé à l'orée du loch Shiel (à une trentaine de kilomètres à l'ouest de Fort William) dans un cadre enchanteur, Glenfinnan a vu Bonnie Prince Charlie dresser son étendard rouge et blanc un jour d'août 1745, marquant le début du soulèvement jacobite. La campagne se termina huit mois plus tard par la sanglante défaite de Culloden. Dominant le loch, un monument surmonté de la statue d'un écossais en tenue de combat rend hommage aux Jacobites morts pour la cause. Le Visitors Centre se penche sur les événements.

A leur arrivée, les passagers du train de Fort William disposent d'une vue de choix sur le **viaduc de Glenfinnan** (1901), long de 380 m, qui dessine une courbe à l'orée de la vallée de la rivière Finnan. La plus haute de ses 21 arches atteint 30 mètres. La gare abrite parallèlement le **Glenfinnan Station Museum** (Musée du Chemin de fer).

Arisaig

C'est ici, sur un phare édifié par son père, que Robert Louis Stevenson rencontra un borgne à la jambe de bois, Long John Silver, devenu pirate dans *L'île au trésor*. Arisaig compte deux centres d'intérêt: ses longues étendues de sable blanc et fin cernant la baie et ses croisières vers les petites îles de Muck, Eigg et Rhum.

Mallaig

Port de pêche très actif et point de départ des ferries vers l'île de Skye et les Hébrides extérieures, Mallaig marque le bout de la «Route des îles». Les baigneurs peuvent mettre le cap sur la crique sablonneuse de Mallaigmore, au nord de la ville.

Inverness et environs

Grandie à l'extrémité nord du Great Glen, là où la rivière Ness se jette dans le Moray Forth (*Inver* signifie embouchure), la capitale des Highlands est aussi la principale porte d'accès à la région. Contre toute attente, elle ne possède le statut de ville que depuis décembre 2000! En pleine croissance grâce à son quartier commercial moderne et affairé, elle compte 60000 habitants. Elle accueille de mi-juin à mi-septembre le Highland Summer Festival (théâtre, danse, etc.).

Le centre-ville

Sur High Street, l'Hôtel de Ville néo-gothique (XIXe) et la vieille Mercat Cross marquent l'emplacement historique du cœur de la ville, reconverti en une zone piétonnière commerçante. En surplomb, le **château** aux murs de grès rouge a été reconstruit au XIXe siècle sur le site de forteresses antérieures – dont l'une fut détruite par Robert Bruce au tournant du XIVe siècle et une autre par les Jacobites en 1746. Le tribunal y a élu domicile, mais son esplanade reste le cadre d'un spectacle historique en costumes du XVIIIe siècle très apprécié. Sur la terrasse s'élève une statue de Flora MacDonald regardant pensivement vers le sud. En contrebas du château, sur Castle Wynd, l'**Inverness Museum and Art Gallery** se consacre à la géographie, à l'histoire et au folklore des Highlands. Vous y découvrirez notamment des peintures représentant la région et de l'artisanat.

Au nord de l'Hôtel de Ville, sur Church Street, on peut encore voir **Abertarff House** (1593), la plus vieille maison de la ville, aux pignons à redans. Restaurée, elle abrite dorénavant une galerie dédiée à l'art contemporain écossais.

Le Caledonian Canal et la rivière Ness

Conçu au début du XIXe siècle par l'ingénieur Thomas Telford pour relier les deux côtes opposées des Highlands, le canal calédonien est aujourd'hui surtout emprunté par les bateaux de plaisance gagnant le loch Ness, au sud. Les chemins de halage, bordés de rideaux d'arbres, se prêtent à de très agréables promenades d'écluse en écluse. D'autres randonnées sont également possibles dans le parc des **Ness Islands**, reliées entre elles par des ponts. La rivière est très renommée pour la pêche au saumon.

Strathpeffer

Cet élégant centre thermal victorien, situé à 20 kilomètres au nord d'Inverness, est apprécié tant pour les vertus curatives de ses sources sulfureuses que pour ses jolies balades sur les basses pentes boisées du Ben Wyvis. La pittoresque Pump Room, le Sampling Pavilion et les majestueux hôtels à tourelles rappellent l'époque où la station attirait tous les aristocrates malades ou hypocondriaques d'Europe… Ils descendaient du train à la Old Railway Station, qui abrite désormais des ateliers d'artisanat et le **Highland Museum of Childhood** (ouvert d'avril à octobre), consacré tant au folklore – avec notamment une belle collection de poupées – qu'au travail des enfants.

Culloden

Le champ de bataille de Culloden Moor, qui vit 1500 Highlanders tués par les troupes anglaises le 16 avril 1746, se trouve juste à l'est d'Inverness. Sur le site, les positions des armées sont indiquées par des drapeaux. De simples pierres tombales marquent le lieu de sépulture des Ecossais; une cinquantaine d'Anglais ont été enterrés sur le Field of the English. Le Visitors Centre proche du cottage restauré de Leanach (XVIIIe siècle) revient sur les événements. Des visites guidées sont organisées depuis l'Office du Tourisme d'Inverness et par les bus Guide Friday au départ de Bridge Street.

Cawdor Castle

Le château situé à 13 km à l'est de Culloden n'est *pas* le théâtre des infamies du Macbeth shakespearien, baron de Cawdor. Mais qu'importe! Ses pignons à redans, son réduit crénelé, ses donjons, ses poivrières et passages secrets semblent tout désignés pour le rôle. Restauré avec style au XIXe siècle, le château fut en vérité bâti au XIVe siècle, 300 ans après la mort de Macbeth. La famille Cawdor y réside toujours en dehors des mois d'été et le château est ouvert aux visiteurs de mi-avril à début octobre. Le parc comprend trois jardins (jardin clos, jardin de fleurs et jardin sauvage) et des sentiers à travers bois, ainsi qu'un parcours de golf.

Aviemore

Eté comme hiver, les sportifs dans l'âme mettent le cap sur Aviemore, à 50 kilomètres au sud-est d'Inverness. Cernée par les montagnes, la plus importante station de ski de Grande-Bretagne (30 km de pistes) compense le manque de charme du village par une gamme étendue de services. Le train à crémaillère des Cairngorm dessert la principale zone de pistes, située au-dessus du loch Morlich, dans le Glenmore Forest Park – aussi réputé pour son troupeau de rennes. En été, les pistes de ski de fond se transforment en sentiers pour cyclistes, randonneurs et cavaliers. Le loch Morlich dispose d'excellentes infrastructures pour pratiquer le canoë, la voile et la planche à voile. Quant aux pêcheurs, ils taquinent saumons et truites dans la rivière Spey.

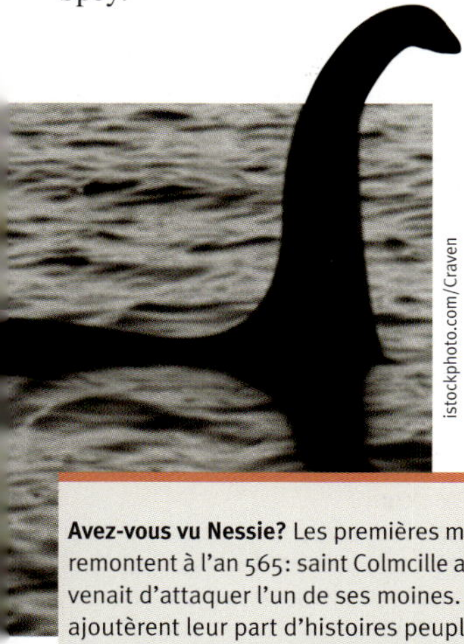

istockphoto.com/Craven

Loch Ness

Superbe, l'endroit mérite une visite même si vous ne devez pas y rencontrer le fameux monstre... Le plus long des quatre lochs marquant la faille géologique du Great Glen (entre Fort William et Inverness), le loch Ness s'étire sur 36 km. Sa profondeur, qui atteint 240 m, en fait le principal réservoir d'eau douce de Grande-Bretagne. La plupart des bus d'excursions suivent la rive occidentale (par la route A82) jusqu'à Fort Augustus, faisant halte en chemin dans le joli village d'Invermoriston et surtout à Drumnadrochit. Ce «site d'observation du monstre», proche du château d'Urquhart (XIVe), est envahi de bou-

Avez-vous vu Nessie? Les premières mentions du monstre du loch Ness remontent à l'an 565: saint Colmcille aurait réussi à dompter la bête qui venait d'attaquer l'un de ses moines. Au cour des siècles, les riverains ajoutèrent leur part d'histoires peuplées d'êtres étranges, les kelpies (chevaux aquatiques) s'ébattant à la surface des eaux les nuits de pleine lune. En 1976, plus de 30 scientifiques de l'université de Harvard décidèrent de s'attaquer au mystère de Nessie. Les enregistrements du sonar détectèrent plusieurs grands objets en mouvement dans les profondeurs de l'eau, preuve que «quelque chose» vivait bien dans le loch. D'où cette théorie populaire: avant la dernière ère glaciaire, le loch Ness était encore probablement relié à la mer. Avec la fonte des glaciers, la terre, libérée de leur poids, se serait relevée, coupant l'accès à la mer. Un plésiosaure se serait alors retrouvé prisonnier dans le lac, survivant à l'extinction de son espèce. Nessie – *Nessiteras rhombopteryx* de son nom scientifique — serait vieux dans ce cas de plus de 1400 ans! Légende ou réalité, la question laisse froide l'industrie touristique à qui Nessie rapporte annuellement quelque 37 millions de Livres... Films et photos exposés à Drumnadrochit sont évidemment des montages.

tiques de souvenirs et de centres d'expositions douteux; des croisières sur le lac sont aussi possibles. Les allergiques au monstre parcourront la berge orientale par la B862, une route à voie unique bien plus tranquille, d'où se révèlent les plus beaux paysages sur le loch. A **Dores**, bifurquez vers l'intérieur des terres en direction du joli petit loch Mhór, avant de regagner **Fort Augustus** à travers les bois. Le fort a été remplacé au XIXe siècle par une abbaye bénédictine aujourd'hui abandonnée, mais le village s'enorgueillit toujours de la plus belle statue du monstre!

Glen Shiel

Au sud-ouest du loch Ness, la A87, pittoresque et très fréquentée, trace sa route vers l'ouest à travers la vallée de Glen Shiel, rejoignant finalement le pont de l'île de Skye – à la hauteur du village de Kyle of Lochalsh. L'itinéraire passe à proximité de superbes sentiers de randonnée. Les deux plus connus sont le Five Sisters Traverse (sur le versant nord de Glen Shiel) et le Kintail Ridge (au sud), qui part derrière l'auberge Cluanie Inn, à l'extrémité ouest du loch Cluanie. Après quelques efforts nécessaires pour rejoindre la ligne de crête de la vallée, le reste du parcours tient plus de la promenade; les points de vue sur les montagnes et les lochs sont absolument époustouflants. Avant le départ, demandez renseignements et cartes détaillées à l'Office du Tourisme d'Inverness ou de Fort William.

Eilean Donan Castle

Adossé aux montagnes, sur la rive nord du loch Duich (à l'ouest de Glen Shiel), ce château romantique et crénelé a tout pour plaire aux producteurs d'Hollywood. On l'atteint par un étroit pont de pierre. Fondé au XIIIe siècle pour contrer les Vikings, il fut détruit par les Anglais en 1719 et reconstruit au XXe siècle – avant d'être investi par les équipes de tournage, dont celles de *Highlander* et de James Bond (*Le monde ne suffit pas*).

Plockton

Très apprécié des peintres pour ses palmiers et ses maisons aux couleurs vives encadrant le port, ce charmant village sur le loch Carron, à l'embouchure de la rivière du même nom dans l'Atlantique Nord, fut longtemps habité par les seuls fermiers – jusqu'à leur éviction à la fin du XVIIIe siècle. Plockton connut une brève prospérité grâce à son port de pêche et reste aujourd'hui attaché à une série télé de la BBC.

Wester Ross

Belle et préservée, la côte ouest des Highlands se divise en pénin-

À GAUCHE TOUTE!

L'automobiliste doit se méfier de deux choses tandis qu'il parcourt les routes d'Ecosse vers le nord et l'ouest (et surtout sur les îles): ne pas se laisser distraire par les paysages vierges, de plus en plus beaux, et rester concentré sur les routes étroites et sinueuses à voie unique. Celles-ci ne devraient pas poser de problème au conducteur attentif observant les règles établies:

- Des espaces sont prévus des deux côtés de la route, à intervalles réguliers, pour permettre de se croiser. Ils sont signalés par un panneau «Passing Place» ou, parfois, par un poteau rayé noir et blanc.
- Ces espaces NE sont PAS conçus pour se garer. Ne vous y arrêtez pas, ni pour prendre une photo, ni pour quelque autre raison.
- En toute circonstance, la conduite à gauche reste en vigueur. Si le prochain espace de dégagement se trouve à votre droite et que vous l'atteigniez avant une voiture venant en sens inverse, arrêtez-vous à gauche de la route, face à l'aire de croisement en question – il pourrait être fort dangereux de vous ranger sur la droite.
- Pour faciliter la circulation, soyez sûr de vous et courtois – surtout en descente avec des véhicules montant en face.

istockphoto.com/Panosian

sules montagneuses séparées par des lochs aux airs de fjords. La région s'étend au nord de Lochcarron, utile pour son Office du Tourisme (cartes et informations sur les randonnées), jusqu'à la péninsule de Coigach avec le village de pêcheurs isolé d'Achiltibuie. Du port d'**Ullapool**, sur loch Broom, partent les ferries vers les Hébrides extérieures.

Applecross Peninsula

De Lochcarron, la traversée de la péninsule d'Applecross déroule sur 30 km une folle succession de paysages. Quittant la A896 à Tornapress, une route échevelée à voie unique, ancienne piste à bestiaux, se hisse en épingles à cheveux vers Bealach na Bà (Cattle Pass). Le mince ruban de goudron atteint là, à 626 m d'altitude, le point le plus élevé du réseau routier écossais, gardé par deux formidables remparts rocheux. Au loin se dessinent les monts Applecross et, de l'autre côté de l'Inner Sound, les crêtes de la chaîne des Cuillin, sur l'île de Skye. Des emplacements de parking permettent de profiter des points de vue – mais aussi au chauffeur de reprendre ses esprits… La flore inclut orchis de Fuchs, iris sauvage et alchémille des Alpes.

Le village côtier d'**Applecross** serre ses cottages chaulés autour d'une accueillante auberge et de plusieurs Bed and Breakfast (*B&B*). En 673, le moine irlandais Maelrubha (ou Molroy), venu convertir les Pictes, y édifia un monastère. Dans la baie, on peut observer des phoques et, parfois, des dauphins.

Loch Torridon

Du charmant port de pêche de **Shieldaig**, la A896 suit la rive sud du loch Torridon, aux eaux salées, en direction des montagnes de Liathach (culminant à 1054 m) et de Beinn Alligin (984 m). Leurs pentes de grès rouge, couronnées de pics de quartz blanc, forment un arrière-plan théâtral au village de Torridon. Le **Countryside Centre** est une mine d'informations sur la flore et la faune locales; il distribue aussi des cartes des sentiers de randonnée. Les débutants sont invités à se joindre aux promenades guidées par les rangers.

Loch Maree

Au nord de Torridon, des îles aux pentes couvertes de pins et des réserves naturelles font du Maree l'un des plus beaux lochs marins des Highlands. On l'explore au mieux depuis le village de **Kinlochewe**. Sur la rive sud, la **Beinn Eighe National Nature Reserve** fut la première créée en Grande-Bretagne. Le Visitors Centre présente la faune des pinèdes (martre, cerf rouge, chat sauvage et lièvre variable), ainsi que la flore alpine des plus hautes pentes. Les amoureux des oiseaux croiseront peut-être aigles dorés, faucons crécerelles ou pèlerins et éperviers d'Europe. Aux abords des îles, les eaux dissimulent marsouins, dauphins, phoques et loutres.

Gairloch

Ses plages, ses croisières et son terrain de golf font de Gairloch l'une des stations estivales les plus appréciées du Wester Ross. Le Heritage Museum permet d'aborder l'archéologie, la géologie et le folklore de la région.

Inverewe Garden

Le courant tiède et les brises marines du Gulf Stream, baignant la côte à l'orée du loch Ewe, valent au jardin d'Inverewe une véritable profusion végétale aux espèces venues du monde entier.

Un dédale de sentiers, long en tout de 5 km, parcourt les différents espaces: jardin clos, zone de tourbière, petit étang aménagé, superbes parcours à travers les parterres de rhododendrons et d'azalées fleurissant en mai et en juin, massifs d'herbacées à leur apogée au cœur de l'été, éboulis néo-zélandais, sections chinoise, japonaise, himalayenne, nord et sud-américaines.

Ils furent dessinés au XIXe siècle par Osgood Mackenzie, qui reçut en cadeau à l'âge de vingt ans ce promontoire rocheux et aride, acheté par sa mère et son frère à la mort de son père. Pour pouvoir créer un jardin, il planta des haies de pins, reprit du terrain sur la mer et fit venir du terreau d'Irlande. Cet ensemble fort luxuriant contraste avec la côte rocheuse le long de laquelle s'étend le domaine – désormais géré par le National Trust for Scotland.

istockphoto.com/TT

De superbes rhododendrons s'épanouissent au jardin d'Inverewe.

Gruinard Bay

Au nord de la péninsule fermant le loch Ewe, le village de **Laide** est une excellente base pour explorer les jolies criques sablonneuses de

A Gruinard Bay, la mer est calme et limpide.

la baie de Gruinard – tant vers le nord en direction de Mellon Udrigle et Opinan que vers le sud et Little Gruinard.

Corrieshalloch Gorge

Juste au sud de Braemore, la A835 menant à Ullapool approche cette gorge splendide, longue de 1,5 km et qui atteint une profondeur de 61 m, dont les parois abruptes se couvrent d'arbres et de buissons à fleurs. La rivière Broom se jette de 46 m de haut aux **chutes de Measach**. On peut l'observer depuis un pont suspendu branlant, construit en aval au XIXe siècle, ou depuis une plate-forme plus récente et plus sûre.

Ullapool

Terminal des ferries à destination de Stornoway et des Hébrides extérieures, Ullapool est aussi un port de pêche animé, fondé sur le loch Broom en 1788. L'Office du Tourisme fournit des informations sur les randonnées dans les vallées et montagnes voisines, et sur les balades en bateau sur le loch, dans la baie d'Annat et jusqu'au petit archipel quasiment désert des **Summer Isles**, peuplé d'oiseaux marins, marsouins et dauphins.

La côte nord

Au-delà d'Ullapool, la route desservant l'extrémité nord de l'Ecosse traverse certains de ses paysages les plus époustouflants – pics déchiquetés dressés au-dessus de landes balayées par les vents, villages enchanteurs nichés au creux de vallées isolées et minuscules ports de pêche dominant des criques solitaires.

Du **loch Assynt**, un joli plan d'eau étiré sur 10 km entre les pics de Beinn Gharb (au sud) et de Quinag (au nord), la A837 conduit à **Lochinver**, un port lui aussi très actif, propice à la pêche. De là, une route étroite contourne la péninsule, découvrant en chemin falaises spectaculaires et îlots en forme de colonnes rocheuses. De retour sur la route principale, Kylesku est atteint par un pont moderne qui enjambe les embouchures des lochs Glencoul et Glendhu.

Plus au nord, sur loch Inchard, une bifurcation mène à l'ouest au port de pêche de **Kinlochbervie** et aux vieux villages d'**Oldshoremore** et **Blairmore**, avec leurs superbes plages, en particulier celle de Sandwood Bay.

Depuis Kinlochbervie, la route côtière atteint le village agricole de **Durness**, point de départ d'une randonnée ardue menant au Cape Wrath, à la pointe nord-ouest de l'Ecosse, sauvage et venteuse.

Plus à l'est, la jolie bourgade de Tongue, dominée par les ruines du **château de Varick**, a été fondée par ses bâtisseurs vikings. A marée basse, les bancs de sable du Kyle (bras de mer) of Tongue font une promenade agréable.

Thurso est la principale agglomération de la côte nord. La vieille église St Peter's mérite une visite. Depuis 2009, l'ancienne mairie héberge **Caithness Horizons**, un musée d'archéologie et de géologie qui expose en outre des pièces de l'ancien Thurso Heritage Museum.

De **Scrabster**, tout près, des ferries desservent l'archipel des Orcades.

Sur la route de John o' Groats, le **Castle of Mey**, le château le plus septentrional de la Grande-Bretagne continentale, était la résidence de feu la Reine Mère dans la province de Caithness.

John o' Groats

Les visiteurs gagnent cette petite bourgade parce qu'elle est l'agglomération la plus au nord-est de la Grande-Bretagne continentale, distante de 1398 km en diagonale de Land's End, la pointe sud-ouest du pays, située en Cornouailles.

Un important plan de redéveloppement doit être réalisé dans un futur proche, avec notamment le réaménagement du quartier du port et la rénovation du John o' Groats House Hotel.

Le point le plus au nord du pays (îles exceptées) est quant à lui situé plus à l'ouest, à Dunnet Head, occupé par un phare et des bâtiments militaires. Mais **Duncansby Head**, extrémité nord-est du continent, non loin de John o' Groats, marque un point final plus spectaculaire, avec ses falaises grandioses et ses formations rocheuses pointues.

Entreprise florissante.
John o' Groats tient son nom d'un Hollandais, Jan de Groot qui obtint de Jacques IV en 1496 le droit de gérer le ferry reliant ce port et l'archipel des Orcades. L'hôtel octogonal, qui doit être rénové prochainement, rappelle la maison à huit pans que de Groot aurait édifiée pour que chacun de ses fils qui se querellaient à propos de sa succession dispose de sa propre entrée – il avait aussi fait installer une table octogonale au centre de la demeure, afin qu'aucun d'entre eux ne puisse prétendre présider la table.

Le phare de Muckle Flugga, construit par le père de Robert Louis Stevenson, Thomas.

Huber/Udo

Les îles Orcades et Shetland

Eparpillés au nord-est de la Grande-Bretagne, les archipels des Orcades (Orkney Islands) et des Shetland forment des mondes à part, très différents du reste de l'Ecosse. Leurs habitants ont davantage en commun, à travers leur caractère farouchement indépendant et leurs traditions, avec leurs ancêtres vikings qu'avec leurs voisins celtes. Historiquement, l'influence écossaise a toujours été davantage liée aux Lowlanders anglo-saxons venus du sud qu'aux Highlanders. Dans les deux archipels, on parle le scots, un dialecte anglais qui est aussi présent dans les Lowlands – sur les îles, il a conservé des racines scandinaves évidentes.

A l'exception des rochers escarpés et des hautes falaises de l'île de Hoy, les Orcades sont surtout composées de petites collines moutonnantes aux terres agricoles fertiles – et peu boisées en raison des forts vents dominants. Les rivières sont, elles, peuplées de truites. Plus au nord, les Shetland montrent un visage davantage accidenté, montagneux même avec leurs profonds bras de mer aux airs de fjords. L'économie locale est surtout tournée vers la pêche, mais elle bénéficie également du boom pétrolier de la mer du Nord et de ses besoins en informatique. Les deux archipels possèdent d'impressionnants vestiges d'habitations de l'âge de pierre, remontant à 4000 avant J.-C. Aux Orcades, on trouve juste deux villes d'une certaine taille, le chef-lieu Kirkwall et le port des ferries de Stromness; les Shetland, elles, n'ont que leur capitale, Lerwick, avec son port et ses commerces.

Les Orcades

Des quelque 70 îles et îlots ancrés sur une trentaine de kilomètres au nord de l'Ecosse, seuls 20 sont habités. La plupart des 20000 Orcadiens résident sur l'île principale, baptisée Mainland. Kirkwall, le chef-lieu, y occupe un isthme séparant East Mainland de West Mainland – plus grande, où se regroupent la majeure partie des sites, assez facilement atteints depuis le port de Stromness, où accostent les ferries.

Stromness

Ses jetées de grès, ses appontements privés, ses maisons à pignon et à toit d'ardoises du XVIIIe font du vieux port le site le plus attrayant de Stromness. En 1670, la célèbre Compagnie de la Baie d'Hudson fit du site, protégé au fond du bras de mer d'Hamnavoe, sa première et dernière escale sur la route du Canada. L'imposant **Warehouse** (entrepôt) proche du nouveau terminal des ferries, témoigne de la prospérité de la ville à l'époque où les navires marchands, craignant les attaques napoléoniennes, désertèrent la Manche en grand nombre.

La rue principale change de nom une demi-douzaine de fois tandis qu'elle longe le front de mer. A son extrémité sud se dresse le canon jadis mis à feu pour annoncer l'arrivée d'un navire de la Compagnie. Sur Albert Street, le **Musée de Stromness** se consacre à l'histoire naturelle des îles et expose une insolite collection d'objets repêchés sur des épaves – en particulier celles de la flotte de guerre allemande sabordée à Scapa Flow en 1919.

Sur la jetée, tout au nord de Victoria Street, le **Pier Arts Centre** expose des artistes locaux et une collection permanente de qualité dans laquelle figurent Barbara Hepworth, Ben Nicholson et Patrick Heron. A l'est du front de mer, des ruelles étroites grimpent vers la colline de Brinkies Brae.

istockphoto.com/Xelf

Stenness et Brodgar

Situés au nord-est de Stromness sur la route de Kirkwall (A965), les **Stones of Stennes**, vieilles de 5000 ans, formaient à l'origine un cercle de 12 pierres dressées dont la vocation reste mystérieuse. Seuls quatre des impressionnants monolithes ont survécu, le plus haut atteignant près de 6 m. Le site, atteint par deux chaussées, s'entoure d'un remblai de terre et d'un fossé. A l'est, un sentier mène au **Barnhouse Settlement**, les vestiges d'un hameau de l'âge de pierre. Les archéologues ont déterminé que les édifices furent détruits peu de temps après avoir été érigés; peut-être abritèrent-ils des ouvriers itinérants le temps des travaux de Stennes.

Au nord-ouest du cromlech, un monolithe solitaire, la **Watch Stone**, se dresse à 6,50 m de hauteur.

Au-delà se trouve le **Ring of Brodgar** (ci-contre) un second cercle de pierres remontant à 2500 avant J.-C. Il est superbement situé sur une digue naturelle séparant les eaux salées du loch Stennes (à l'ouest) des eaux douces du loch Harray (à l'est). Des 60 pierres d'origine, qui formaient un cercle parfait de 110 m de diamètre, 27 subsistent, là encore avec un fossé et deux voies d'accès.

Maeshowe

Des Stones of Stennes, une courte promenade vers le nord-est mène jusqu'à ce tumulus herbu édifié aux environs de 2700 avant J.-C. – à l'époque de la première pyramide d'Egypte. Son intérieur superbement conservé en fait l'un des plus importants du genre en Europe – billets en vente de l'autre côté de la route, à Tormiston Mill. Le couloir d'accès percé au sud-ouest du tertre, le tombeau et ses trois chambres latérales sont tous constitués de grandes dalles de grès. Le tumulus est disposé de telle sorte que, lors de solstice d'hiver, les derniers rayons de soleil pénètrent jusque dans la chambre funéraire, en même temps qu'ils illuminent le dessus de la **Barnhouse Stone**, un monolithe voisin. Dans le calendrier ancien, la «mort» symbolique de l'astre, le jour du solstice d'hiver, signalait le début du renouveau. Redécouvert en 1861, le site avait été vidé de son contenu par des pilleurs de tombes, qui ne laissèrent qu'un fragment de crâne humain et quelques os de chevaux. Au XIIe siècle, les Vikings gravèrent des graffitis, reconnaissables à leurs caractères runiques. Une trentaine demeurent: de simples noms de famille, comme «Haermund Hardaxe» et «Tholfir Kolbeinsson» ou des inscriptions romantiques comme celle dédiée à «Ingejork la belle veuve». D'autres encore sont trop obscènes pour figurer ici!

Skara Brae

Les vestiges du village de pêcheurs et d'agriculteurs de Skara Brae, vieux de 5000 ans, dominent le sable blanc de la baie de Skaill. C'est le site préhistorique le mieux préservé d'Europe. Les maisons de pierre étaient bâties à l'abri des tas de détritus ménagers du village, aujourd'hui recouverts par l'herbe. Les toits ont disparu, mais l'on peut encore voir, autour des foyers, lits clos, rangements,

Le tertre des vierges. Dans le vieux dialecte des Orcades, *maeshowe* signifie «le tertre de la vierge». L'historien local Ernest Marwick (1915–1977) affirme que, «à une certaine époque, à la pleine lune, chaque jeune fille vivant dans un rayon de 2 km autour de Maeshowe devait se rendre au sommet du tumulus avec un panier rempli de cendres, le vider, et uriner dessus»... Il aurait ainsi été possible de déterminer l'avenir!

placards à provisions et autre mobilier de pierre des diverses pièces reliées par des passages couverts en pierre. L'atelier du village est séparé du groupe par une cour ouverte. Pour illustrer la vie des habitants, le Visitors Centre a recréé une maison typique en taille réelle, avec son feu crépitant. A sa construction aux environs de 3100 av. J.-C., Skara Brae se trouvait dans les terres et non sur le bord de la baie.

Le billet d'entrée à Skara Brae, site du Patrimoine mondial de l'Unesco, inclut l'accès aux bâtiments de **Skaill House**, dans l'intérieur, qui remontent en partie au XVIIe siècle et abritaient la résidence du seigneur (*laird*) de Skaill.

Yesnaby

Au sud de la Bay of Skaill, une promenade vivifiante mène au sommet des falaises de grès de Yesnaby. Le plus imposant de leurs affleurements rocheux est une aiguille baptisée **Yesnaby Castle**, défi constant aux alpinistes les plus audacieux. Du printemps à l'été, les fleurs sauvages forment un tapis – primevères écossaises, œillets de mer, orchis de Fuchs. A la saison des amours, méfiez-vous des oiseaux marins, qui peuvent se montrer très protecteurs envers leurs couvées.

Brough of Birsay

Situés tout au nord-ouest de West Mainland, les vestiges de cette ancienne colonie picte, puis vi-

Scapa Flow. Protégé à la fois par West et East Mainland et par les îles du sud, Scapa Flow forme un immense port naturel. Quartier général de la flotte anglaise durant les deux guerres mondiales, il permettait de contrôler le trafic entre le nord de la Grande-Bretagne et la Norvège. Nombreuses sont les défenses des années 1940 à être encore visibles: bateaux à demi submergés coulés pour bloquer le passage, «barrières de Churchill» et emplacements de batteries côtières. A la fin de la Première Guerre mondiale, l'Allemagne étant contrainte de livrer la quasi-totalité de sa flotte de guerre, 74 bâtiments furent convoyés jusqu'à Scapa Flow. Le jour du solstice d'été de 1919, l'amiral Ludwig von Reuter, profitant du départ de l'escadron britannique de garde pour des exercices, ordonna le sabordage de tous les navires plutôt que de les voir tomber aux mains des Alliés. Les Britanniques purent sauver 23 bateaux en les échouant. Nombre d'autres furent renfloués, mais beaucoup demeurent au fond des eaux, faisant de Scapa Flow un site de plongée renommé dans le monde entier. Des sorties sont organisées depuis Stromness.

king, s'ancrent sur un promontoire transformé en île par la marée montante. On peut y accéder deux heures avant et deux heures après les basses eaux (table disponible auprès des Offices du Tourisme de Stromness et Kirkwall). Les Pictes occupèrent l'endroit aux VIIe et VIIIe siècles, les Vikings du IXe au XIIIe – leurs maisons de grès recouvrant celles de leurs prédécesseurs. L'érosion a enterré une bonne partie du village, mais on peut encore voir les fondations de l'église St Peter's (XIIe), l'emplacement de l'autel et de l'abside, ainsi que des bancs de pierre le long des murs. Le Visitors Centre vous indiquera aussi ce qui fut sans doute un sauna et des bains. Du phare se révèle une vue splendide sur l'Atlantique.

hemis.fr/Rieger

Pour fabriquer le whisky, on répand tout d'abord l'orge sur l'aire de maltage pour faire germer les grains.

Kirkwall

Amarré à la langue de terre joignant West et East Mainland, le chef-lieu des Orcades affiche un air résolument scandinave. Son port moderne, d'où partent les ferries vers les îles septentrionales, n'a pas le charme de celui de Stromness, mais la ville s'enorgueillit de deux splendides édifices médiévaux. Construite en grès rouge à partir de 1137, la **cathédrale St Magnus** est considérée comme l'un des plus beaux sanctuaires romans d'Ecosse. Des visites guidées permettent d'accéder aux hauteurs, en particulier à l'imposante fenêtre ouest. A l'angle sud-est du bâtiment, des monuments rendent hommage aux écrivains orcadiens les plus connus. Le **Earl's Palace** (palais comtal) fut construit en 1607 par le comte Patrick Stewart grâce à une main-d'œuvre soumise aux travaux forcés. Malgré son état de délabrement, le château Renaissance garde toute sa majesté. Face à la cathédrale, Tankerness House (XVIe) abrite le **Orkney Museum**, dédié à l'histoire et au folklore de l'archipel. Le centre

istockphoto.com/Proudlove

Le superbe intérieur de la chapelle italienne, sur l'île de Lambholm.

commerçant, animé, s'étend le long de **Bridge Street** et **Albert Street**.

East Mainland

La partie orientale de Mainland est en grande partie occupée par des fermes, avec quelques ports de pêche. Près de **Mull Head** (au nord-est), les balades au sommet des falaises permettent d'observer mouettes tridactyles, guillemots, petits pingouins et macareux de mai à la fin août. Depuis la dernière guerre, les îles situées au sud sont reliées par une enfilade de chaussées surnommées les **«barrières de Churchill»**. Elles furent conçues pour empêcher les sous-marins allemands d'approcher la flotte britannique basée dans la baie de Scapa Flow – après qu'un U-boat eut envoyé par le fond le *HMS Royal Oak*.

Chapelle italienne

Cette étonnante œuvre d'art et de foi se trouve sur la petite île de **Lambholm**, la première du chapelet relié à East Mainland par les «barrières de Churchill». Elle a été bâtie par des prisonniers de guerre italiens transférés aux Orcades après leur capture en Afrique du Nord en 1942. Employé à la construction des chaussées, le Camp n° 60 utilisa collectivement des surplus de ciment et de matériaux pour façonner cette chapelle à partir de deux abris en tôle... Domenico Chiocchetti, originaire de Moena, en Italie du Nord, réalisa la splendide façade en trompe-l'œil avec son «beffroi», les éclatantes fresques des murs intérieurs, l'autel monumental et les vitraux de verre peint. Le superbe jubé en fer forgé fut pour sa part fabriqué par Palumbo, le forgeron du camp. La statue de saint Georges terrassant le dragon, également due à Chiocchetti, a été modelée à l'aide de fils de fer barbelés recouverts de ciment.

Les Shetland

Des falaises dressées le long d'une côte très échancrée, un intérieur sauvage aux pentes raides et verdoyantes couvertes de pâturages à moutons, voilà les Shetland. Les bras de mer (*voes*) pénètrent si profondément les terres qu'aucun endroit de l'archipel ne se trouve à plus de 5 km de l'océan, presque toujours visible. Comme aux Orcades, les arbres sont rares en raison des vents violents; les températures se révèlent pourtant étonnamment douces grâce au courant de l'Atlantique Nord, prolongement du Gulf Stream. Seules 15 de la centaine d'îles, étirées sur un axe nord-sud, sont habitées. La majeure partie de la population (22 000 âmes) réside sur Mainland, une île allongée, siège de la seule ville des Shetland, Lerwick, et des principaux sites archéologiques. A sa pointe nord, le terminal pétrolier de Sullom Voe profite de la manne de la mer du Nord en croisant les doigts pour que la source ne tarisse pas. L'aéroport se trouve à l'opposé, à Sumburgh.

Plus au sud, vers les Orcades, Fair Isle, réputée pour ses lainages en jacquard (en vente à Lerwick), forme une réserve ornithologique protégée par le National Trust for Scotland. On y a répertorié 335 espèces.

Lerwick

Ses habitants n'ayant pas l'embarras du choix, le chef-lieu est désigné par un simple «da Toon» (la ville) et son attachante rue principale, **Commercial Street**, par un équivalent «da Street»… L'artère, qui sinue face au port et à l'Esplanade, regroupe à son extrémité sud la plupart des bâtiments anciens et des *lodberries* des marchands, mi-résidences, mi-entrepôts. Chacun disposait de ses propres quais, où s'amarraient

Les poneys des Shetland. Toujours élevés dans l'archipel (et plus particulièrement sur l'île isolée d'Unst), les poneys des Shetland doivent leur petit gabarit et leur robustesse au climat rude et aux maigres pâturages. Hauts de 1 m en moyenne, ils sont les plus petits chevaux de race au monde. Dans les années 1850, l'industrie tira profit de leur stature en les utilisant dans les tunnels des mines de charbon anglaises. Leur vie est désormais plus paisible et plus agréable: très appréciés pour leur caractère doux, les poneys des Shetland sont devenus les amis des enfants.

Huber/Fantuz

les bateaux de transport de hareng hollandais – un commerce à l'origine de la fondation de la ville au XVIIe siècle. Plus au sud s'étend la jolie **Bain's Beach**. Du cœur de Commercial Street, des allées étroites, grimpent vers la «ville nouvelle» du XIXe siècle, dominée par l'imposant Hôtel de Ville (sur Hillhead). Plus au nord, des remparts de **Fort Charlotte** (surtout du XVIIIe), nommé en l'honneur de l'épouse de Georges III, se révèle une jolie vue sur le port. Installé dans un bâtiment classé récemment rénové sur Hay's Dock, le **Shetland Museum** est l'endroit tout indiqué pour replacer la ville dans son contexte historique. Il présente un panorama archéologique complet ainsi qu'une exposition maritime.

Scalloway

Ancré face aux humeurs de l'Atlantique, à 10 km à l'ouest de Lerwick, ce petit port de pêche tranquille fut la première capitale des Shetland. Les ruines évocatrices du **château de Scalloway**, édifié en 1600 pour le comte Patrick Stewart par une main d'œuvre soumise aux travaux forcés dominent les quais. Le petit **Scalloway Museum**, sur Main Street, raconte

La technique du tricot de Fair Isle n'utilise que deux couleurs par rangée, sur une aiguille circulaire.

l'émouvante histoire du «bus des Shetland» – le nom donné aux bateaux de pêche norvégiens qui, durant la Seconde Guerre mondiale, partaient chargés d'armes et de munitions pour la résistance norvégienne et rentraient avec à leur bord de nombreux réfugiés.

Broch of Mousa

Posée sur les eaux au sud de Lerwick, face à la côte est de South Mainland, la petite île de Mousa est connue pour son *broch*, une tour fortifiée vieille de 2000 ans. L'une des plus hautes (13 m) et des mieux préservées d'Ecosse, elle domine la mer. Elle est constituée de deux enceintes concentriques très rapprochées. Une galerie basse mène à la chambre centrale, avec sa citerne creusée dans la roche. Entre les deux parois, un escalier en colimaçon grimpe vers le sommet de l'édifice, révélant des espaces de rangement (prenez une torche).

Jarlshof

Ce village préhistorique, établi à Sumburgh Head, à la pointe sud de Mainland, doit son nom à la **Old House of Sumburgh**, une demeure du XVIIe siècle que Sir Walter Scott rebaptisa Jarlshof dans son roman *Le Pirate*. Alors que la maison était seule visible, à la fin du XIXe siècle de furieuses tempêtes arrachèrent herbe et sable, révélant des habitations remontant à 2500 avant J.-C. En fait, le site a été continuellement habité durant quatre millénaires. Les vestiges mis au jour comprennent l'atelier d'un forgeron de l'âge du bronze (800 av. J.-C.), un broch de la fin de l'âge du fer, des maisons rondes pictes et des maisons longues vikings du IXe siècle. Les deux résidences seigneuriales des XVIe et XVIIe siècles furent bâties pour le comte Robert Stewart et son fils Patrick.

Le bout du monde. Les Shetland marquent l'avancée la plus septentrionale du territoire britannique. Juste au nord d'Unst, une île sauvage et venteuse où grandissent les plus beaux poneys, se dresse le phare de Muckle Flugga. Au-delà se profile encore le promontoire rocheux d'Out Stack, puis... plus rien jusqu'au pôle Nord!

Fair Isle

Bien que proche de North Ronaldsay (Orcades), cette petite île (8 km^2) appartient aux Shetland. Les quelque 70 habitants vivent du tourisme associé à l'Observatoire ornithologique fondé en 1948 – Fair Isle accueille de nombreux oiseaux migrateurs – et de la fabrication des pullovers traditionnels à motifs en jacquard fair isle.

UN PEU DE CULTURE

Cornemuses

Les *bagpipes* sont-ils une arme destinée à effrayer l'ennemi ou un instrument au chant joyeux conçu pour émouvoir les patriotes écossais à l'âme nostalgique? Dans les stades, les deux affirmations s'appliquent. Les sons sont tirés d'un réservoir à air (à l'origine façonné à partir d'une vessie de mouton) et modulés du bout des doigts sur le *levriade*, un tuyau à trous en forme de flûte – tandis que les *bourdons* émettent en continu une même note de basse. La cornemuse fit son apparition dans les Highlands sous le nom de *pibroch* au XVe siècle. Festive ou pastorale en temps de paix, elle encourageait les soldats lors des batailles et pleurait les morts en cas de défaite.

Ecole de Glasgow

Parvenue à la notoriété dans les années 1880, l'école de Glasgow, cassant avec la tradition romantique écossaise, aborda la peinture d'une manière plus directe et dépassionnée. Robert Macaulay Stevenson, William York Macgregor, John Lavery et Edward Hornel rejetèrent le goût officiel victorien, avec ses paysages de montagnes et de landes destinés à orner les riches demeures. Inspirés par les Français de l'école de Barbizon, puis les impressionnistes, ils furent les premiers, en Ecosse, à peindre en plein air, atteignant des résultats plus enlevés que leurs prédécesseurs, qui terminaient leurs esquisses à l'atelier. Bessie MacNicol a démontré que le mélange de rudesse stylistique et d'harmonie décorative des peintres de Glasgow valait aussi pour les femmes.

Festival d'Edimbourg

Fondé en 1947, le festival d'Edimbourg regroupe en fait une vingtaine de festivals – musique, théâtre, opéra, danse, cinéma, littérature, cabaret, humour... – qui ont lieu tout au long de l'année (www.edinburghfestivals.co.uk). Plusieurs centaines de milliers de visiteurs débarquent ainsi tous les ans en ville, attirés par le détonant mélange des spectacles culturels haut de gamme et des événements organisés en marge. La parade du **Royal Edinburgh Military Tattoo**, qui a lieu en août au château, fait elle aussi partie du festival. Le **Festival international**

d'Edimbourg, considéré comme l'officiel, a lieu de la mi-août à début septembre (programme et billets en vente à partir de mars). En parallèle a lieu, en août, le **Edinburgh Festival Fringe** (festival off avant-gardiste), le plus grand au monde consacré aux arts (www.edfringe.com); programme et billets disponible dès juin – notez qu'une partie des spectacles sont gratuits.

Mackintosh (Charles Rennie)
Né à Glasgow (1868–1928), l'architecte et designer s'est taillé une place à part dans l'histoire de l'art européen en unissant la rigueur des lignes de la société industrielle aux courbes de l'Art Nouveau. Après des études aux Beaux-Arts de Glasgow, il révéla son goût mêlé du fonctionnel et du décoratif en dessinant le nouveau bâtiment de l'école. Avec sa femme, Margaret MacDonald, il travailla le métal, le verre, les émaux et le bois laqué, réalisant mobilier et intérieurs pour les salons de thé de Glasgow – sur une note point trop ornementée qui influença les architectes et les designers viennois. Son tempérament excentrique rebuta pourtant la plupart de ses clients et, en 1913, il abandonna ses premières amours pour peindre natures mortes et paysages.

Tartan
Cette étoffe est devenue l'un des piliers de l'industrie touristique écossaise. Fondée en 1963, la Scottish Tartans Authority conserve un répertoire complet de tous les motifs connus: ils sont pour l'heure environ 3500 et ne cessent de voir leur nombre croître en fonction des recherches généalogiques… Les premières capes en tartan, taillées dans une laine si épaisse qu'elle en était presque imperméable, sont apparues chez les Highlanders au XVIe siècle, mais ne devinrent communes qu'à la fin du XVIIe et au début du XVIIIe. Les tissus aux motifs les plus lumineux étaient portés lors des cérémonies et des batailles, les modèles plus simples et plus sobres étant réservés au quotidien. On ne trouve pas, à l'origine, de motif unique identifiant un clan. Après l'échec du soulèvement jacobite de 1745, le tartan fut interdit jusque dans les années 1780. Georges IV, en visite officielle à Edimbourg en 1822, réclama des chefs militaires qu'ils portent chacun celui de leur clan, et comme ils avaient souvent disparu, ils durent être «réinventés» dans l'urgence. Le tartan passa ensuite des militaires aux civils et aujourd'hui chaque clan a le sien.

LES ACHATS

Le pays affirme son identité jusque dans ses inimitables productions: seuls l'eau de source et le savoir-faire écossais font un bon Scotch. Même au rayon des souvenirs kitsch, personne n'a jamais fait mieux qu'un monstre du loch Ness en peluche...

Où acheter?

Les grandes villes (Edimbourg, Glasgow et Inverness) proposent logiquement le plus grand choix d'articles – y compris ceux provenant des zones les plus isolées de l'Ecosse. Les prix sont à peine plus élevés, mais peut-être préférerez-vous acheter votre pur malt dans sa distillerie d'origine ou ce joli pull dans l'atelier du coin de la rue.

A Edimbourg, Princes Street regroupe les grandes enseignes, Cockburn Street les boutiques chics, Grassmarket, Canongate et Lawnmarket les magasins de lainages. A Glasgow, mettez également le cap sur Princes Square, ainsi que sur les rues Buchanan et Sauchiehall, et sur le centre commercial St Enoch. A Inverness, la zone piétonnière entourant High Street constitue le principal quartier commerçant.

Les lainages

Pulls des Shetland, unis ou aux motifs en jacquard très colorés, sur le modèle de ceux de Fair Isle, cachemires, écharpes, châles et autres couvertures, la variété est considérable et la réalisation toujours de la meilleure qualité.

Les tweeds

Originaire des îles de Lewis et Harris, le Harris tweed, au toucher rêche, fait un matériau idéal pour tailler une veste d'extérieur robuste, une jupe ou un costume. Les tweeds plus souples (et plus chers) sont parfois mêlés de cachemire.

Les tartans

Kilts et gilets en tartan sont portés par tous les Ecossais. Les premiers, incontournables lors des mariages dans les familles des Highlands ainsi que dans les bals citadins des classes aisées, sont également associés aux fans des équipes écossaises de rugby et de football. Cravates, poupées, sous-vêtements et bikinis, les gros carreaux du tartan ornent désormais tout.

Les produits naturels

Le *haggis* est sans nul doute la plus écossaise des spécialités culinaires, mais l'on peut ramener bien d'autres produits savoureux: saumon fumé, marmelade (certaines sont aromatisées au whisky), *shortbreads* (sablés), biscuits d'avoine et fondants, sans oublier les *butterscotch* (caramels au beurre) des Orcades.

Le whisky

Si vous voulez acheter votre pur malt à la source, choisissez de préférence l'île d'Islay, Lochranza sur l'île Arran, Campbeltown sur Kintyre ou encore les distilleries du Speyside, aux marges des Highlands. Les bouteilles sont présentées dans de grands emballages en carton ou en aluminium.

Bijouterie et verrerie

Les bijoux en or et en argent typiquement écossais font appel à des emblèmes celtes, mais on trouve aussi de l'argenterie aux motifs vikings aux Orcades et aux Shetland. Edinburgh Crystal, le seul verrier artisanal d'Ecosse, produit de splendides coupes dans son atelier de Penicuik, à 30 minutes de route au sud d'Edimbourg.

laif/Krinitz

Pictures Colour Library

istockphoto.com/Raszkowska

Peut-être craquerez-vous pour un tartan, un pendentif à motif celtique ou de délicieux shortbreads – ou alors les trois à la fois!

Vous vous habituerez rapidement au goût de la bonne bière écossaise.

istockphoto.com/Velasco

À TABLE

C'est la grande qualité des produits écossais qui fait d'un bon repas dans ce pays une délicieuse surprise. Dans les grandes villes, on trouve aussi des notes exotiques avec d'excellents restaurants italiens, indiens et chinois.

Le petit-déjeuner

Si vous prenez un vrai petit-déjeuner écossais, la pause de midi sera légère… A la table d'un bon B&B figurent porridge (de flocons d'avoine) – qui en Ecosse est généralement salé plutôt que sucré – habituels œufs au bacon et saucisse anglais, tomates, patates, et un assortiment de harengs plus ou moins fumés (*Arbroath smokies ou kippers*), de *black pudding* (boudin noir) et autres *scones* aux pommes de terre. Le thé est servi fort, contrairement au café, léger. Les petits pains ou les toasts chauds sont servis avec d'excellentes confitures et marmelades maison.

Les soupes

Pour résister aux rigueurs du climat, les Ecossais préparent une grande variété de soupes copieuses. Deux s'affrontent pour le titre national: le *Scotch broth*, une soupe d'orge, de lentilles, de légumes, de bœuf ou de mouton, et le *cock-a-leekie*, un mélange de poulet, de poireaux, de jambon en dés et de pruneaux. Le *partan bree* est un velouté de crabe, le *cullen skink* un potage crémeux au haddock, avec des oignons et des pommes de terre. En version remaniée du porridge matinal, l'*oatmeal soup* incorpore des oignons, des poireaux et d'autres légumes.

Le poisson

Le saumon d'élevage ou sauvage, plus savoureux, pêché dans la Tweed, la Tay ou la Spey, est proposé fumé en hors-d'œuvre ou chaud avec des légumes. La truite (commune, arc-en-ciel ou de mer) fait une excellente alternative. Le hareng est souvent servi pané dans l'avoine et frit. Sur le littoral, les fruits de mer comprennent crabes, coquilles Saint-Jacques, crevettes, moules et huîtres.

Les viandes

La viande de l'Aberdeen Angus Beef est l'une des plus goûteuses

UN PEU DE HAGGIS?

Bien que certains gourmets locaux voudraient y voir l'influence française du «hachis», l'emblématique panse de brebis farcie doit en fait s'en tenir à une «origine incertaine»... Ecossaise jusqu'au bout des sabots, elle n'est pas aussi effrayante qu'on pourrait le penser; certains la trouvent même succulente. Le haggis est confectionné dans l'estomac d'un mouton, farci de foie, cœur et autres abats émincés, d'avoine, d'oignons, d'épices et de graisse de rognons. La préparation, bouillie, est servie avec *chappit tatties* et *bashed neeps* – des purées de pommes de terre et de navets.

Robert Burns ayant consacré des vers à ce plat en 1786, le haggis est mis à l'honneur le 25 janvier, jour anniversaire du poète national. Chaque année, le Burns Supper est fêté au son de la cornemuse. Tout le monde se lève et applaudit le plat, puis l'orateur déclame l'«Ode au Haggis». A la troisième strophe, aux mots «*An' cut ye up wi' ready slight*», on plonge un couteau dans la panse pour en libérer la farce. La soirée se termine par des chants, poèmes et danses celtiques traditionnelles, accompagnées de violons, flûtes, accordéons et guitares; le tout arrosé comme il se doit de plusieurs petits verres de whisky.

istockphoto.com/McGill

d'Europe. Vous trouverez aussi et surtout agneau et mouton de qualité, en particulier sur les îles. La venaison est préparée en ragoût ou rôtie. On trouve aussi l'excellente grouse, à la chair relevée, et le faisan, moins fort – ce dernier généralement farci d'un mélange épicé d'avoine et d'oignons. Les sauces d'accompagnement font appel au whisky et aux baies les plus communes, comme la mûre, la sorbe ou la framboise.

Les desserts

Le *pudding*, en Ecosse comme partout en Grande-Bretagne, est simplement synonyme de dessert. Le *Cranachan* est préparé à base de flocons d'avoine grillés, arrosé au choix de rhum ou de whisky et accompagné de crème fouettée, de framboises ou de fraises. La version baptisée *Atholl Brose* mêle de l'avoine aromatisée au miel avec du whisky et de la crème. Les tartes au gingembre et à la rhubarbe sont aussi très appréciées, de même que les gâteaux et les crèmes glacées.

Les boissons

La bière brune écossaise est plus forte et plus alcoolisée que l'anglaise. Elle est servie à température ambiante, à la pinte (0,56 l) ou la demi-pinte, avec une mousse épaisse. Les amateurs éclairés recherchent celles des petites marques locales.

istockphoto.com/Ashworth

istockphoto.com/Clerk

Petit-déjeuner écossais traditionnel. | Le saumon écossais est renommé, à juste titre.

Comme en Angleterre, on boit d'innombrables tasses de thé noir, généralement avec du lait et du sucre.

La boisson nationale est sans conteste le whisky (de *uisge beatha,* «eau-de-vie»). On peut le classer grosso modo en deux catégories: le *grain whisky* (à base de céréales non maltées) et le *malt whisky* (pur whisky de malt). Le *single malt* (qui est fabriqué par *une seule* distillerie) se boit généralement pur, ou avec juste un peu d'eau (voir page 91).

LES SPORTS

Nombre de visiteurs viennent en Ecosse dans l'intention de pratiquer leur sport favori. Bien souvent, les infrastructures permettent de profiter en même temps des beaux paysages écossais.

Golf

L'Ecosse compte plus de 400 parcours répartis à travers tout le pays. Loin d'être réservé à une élite, le golf s'adresse ici à tous: l'ensemble des terrains est accessible au public. Même à St Andrews, Carnoustie, Royal Troon ou Gleaneagles, cadres de grands championnats, il suffit de faire la preuve de son handicap (24 pour les hommes, 36 pour les femmes) – sans négliger de réserver deux à trois mois à l'avance! (St Andrews, qui compte désormais sept parcours, organise parallèlement un tirage au sort quotidien pour l'obtention du droit de jeu; il suffit de s'inscrire avant 14 h le jour désiré.) Le Scottish Tourist Board vous renseignera sur le «golf pass» régional permettant d'accéder à plusieurs sites.

Pêche

Malgré l'abondance et la qualité de la truite, du saumon, de la perche et du brochet, il est bien rare de rencontrer d'autres pêcheurs sur les sites écossais. Vastes lochs, côtes dentelées, torrents de montagne et rivières demeurent d'une tranquillité à toute épreuve. Il suffit d'être en possession d'un permis régional, généralement disponible auprès des magasins ou des clubs de pêche. La saison varie pour la truite et le saumon (voir auprès des Offices du Tourisme), mais la pêche pour les autres espèces et en mer est ouverte toute l'année.

Baignade et sports nautiques

Les plages et les criques les plus belles et les plus propres sont celles des îles, suivies de près par celles du Wester Ross et du Caithness. Seuls les plus téméraires se baignent. Les plus intrépides sont les surfeurs, qui bravent les déferlantes de la côte nord à Thurso ou celles de l'île d'Islay, sur la côte atlantique. Voile, planche à voile et canoë sont populaires sur les lochs et dans les îles – avec des infrastructures bien adaptées à Balloch sur le loch Lomond, à Portree sur l'île de Skye et à Lamlash sur celle d'Arran.

Randonnée et équitation

Lowlands comme Highlands semblent avoir été dessinés pour le plaisir des marcheurs comme des cyclistes. Plus on monte vers le nord, plus les efforts demandés augmentent, mais chaque endroit possède des chemins aisés. Quatre sentiers de grande randonnée ont été balisés: le Southern Upland Way reliant une côte à l'autre, le West Highland Way (de Glasgow à Fort William), le Great Glen Way (de Fort William à Inverness) et le Speyside Way, qui traverse le Malt Whisky Trail. Les rangers du National Trust for Scotland proposent des promenades à travers les bois de Glencoe et autour du loch Torridon, dans le Wester Ross. Les Cuillin sur l'île de Skye, Glen Shiel et Kintail Ridge à l'ouest du loch Ness sont d'autres sites populaires. Une alternative: les balades tranquilles à dos de poney. Les centres équestres disposent aussi de chevaux pour les cavaliers confirmés.

Rugby Union

Les matchs à domicile du Tournoi des Six Nations, organisé en février–mars, se déroulent au Murrayfield Stadium d'Edimbourg. Les clubs de rugby se regroupent surtout au sud de l'Ecosse dans la région des Borders, là même où a été inventée une version du jeu à sept – avec le prestigieux Melrose Sevens en avril.

fotolia.com/Fabrique

Profitez de votre séjour en Ecosse pour assister à un match de rugby!

Football

De l'extérieur, la scène écossaise se résume à deux clubs: Celtic Glasgow et Glasgow Rangers. Leur rivalité est renforcée par leur appartenance religieuse, les Celtic étant catholiques et les Rangers protestants. Dans de nombreux pubs de Glasgow, des panneaux «No Football Shirts Allowed» interdisent le port de maillots aux couleurs de l'une ou l'autre équipe… Les Celtic sont attachés à Parkhead, les Rangers à l'Ibrox Stadium. Les matchs internationaux ont lieu à Hampden Park.

Aéroports

Le principal aéroport écossais est celui de Glasgow, à 20 min environ de la ville et 2 min de Paisley, l'agglomération la plus proche. Des services de taxi et de bus (circulant toutes les 10–15 min durant la journée, toutes les 30 min le soir), reliant le centre-ville en 25 minutes, sont disponibles. Des vols internationaux et intérieurs desservent également Prestwick (compagnies low-cost), Edimbourg, Aberdeen, Inverness et Sumburgh, dans les Shetland. En plus des habituels boutiques hors taxe, restaurants et snack-bars, les terminaux disposent tous de services bancaires, de guichets de location de voiture et de bureaux de renseignements touristiques.

Bagages

En dehors des sorties au théâtre ou dans un restaurant chic, nul besoin de tenue trop habillée. Un chapeau pour le soleil peut se révéler utile en été, mais n'oubliez jamais de glisser dans votre sac un parapluie et des vêtements chauds et imperméables… Pour les balades, surtout en montagne, de bonnes chaussures sont incontournables. Crème solaire, produit anti-moustiques et lampe de poche sont toujours utiles.

Climat

Que dire sinon qu'il est changeant… L'Atlantique amène son lot de pluie et de vent, mais aussi, grâce au Gulf Stream, des températures assez douces. La côte ouest est ainsi plus humide, mais plus chaude que la côte est. Mai et juin sont les mois les plus agréables, avec le plus de soleil et assez peu d'averses. En juillet et en août, les températures moyennes atteignent un maximum de 18°C dans la région d'Edimbourg mais, au nord, les insectes pullulent. En septembre et en octobre, c'est quitte ou double: soleil ou pluie selon l'humeur! Des vêtements chauds et imperméables se révèlent utiles tout au long de l'année.

Communications

Outre le traitement du courrier, la poste écossaise propose des services de change, téléphone, fax et connection internet, et vend des permis de pêche (site internet: www.postoffice.co.uk). Les bureaux de poste des petites villes et villages font souvent aussi office de kiosque à journaux et parfois d'épicerie.

En cas d'urgence, votre hôtel vous indiquera les coordonnées des transporteurs internationaux. Les hôtels disposent pour la plupart d'un service de fax. Les téléphones publics, moins chers qu'à l'hôtel, marchent avec des pièces et la plupart, aussi, avec des cartes de crédit et des cartes de téléphone prépayées, vendues par postes et kiosques. On trouve des services de location de portable dans les grandes villes et de plus en plus de centres d'accès à internet (cybercafés et bibliothèques).

Conduite

Les compagnies de location de voitures exigent un permis de conduire national valide (ou un permis international) et une carte de crédit. Vérifiez quels types d'assurances sont inclus: protection personnelle, collision, incendie, vol, etc. A l'exception des zones montagneuses les plus isolées, les routes sont excellentes. Comme dans toute la Grande-Bretagne, on conduit à gauche et l'on double par la droite. Distances et limites de vitesse sont affichées en miles (1 mile fait environ 1,6 km). Sauf avis contraire, ces dernières sont de 70 mph (110 km/h) sur autoroute et sur les doubles voies, 60 mph (100 km/h) sur les autres routes et 30 ou 40 mph (50 ou 65 km/h) dans les zones habitées. Dans l'arrière-pays, on rencontre de nombreuses routes à voie unique et… des moutons! L'usage des ceintures de sécurité est obligatoire à l'avant comme à l'arrière.

Fêtes et jours fériés

1er janvier	New Year's Day
2 janvier	2nd January
Mars/avril	Good Friday
1er lundi de mai	Early May Bank Holiday
Dernier lundi de mai	Spring Bank Holiday
1er lundi d'août	Summer Bank Holiday
25 décembre	Christmas Day
26 décembre	Boxing Day

Formalités

Pour les ressortissants suisses et de l'UE, un passeport ou une carte d'identité en cours de validité suffit pour entrer en Grande-Bretagne. Vous devrez peut-être montrer votre billet de retour.

Fumeurs

Il est strictement interdit de fumer dans les lieux publics fermés (restaurants, pubs, la plupart des hôtels, etc.); toute personne qui ne respecte pas cette interdiction risque une amende.

Heures d'ouverture

Ces horaires sont donnés à titre indicatif, des variations pouvant intervenir. *Banques*: lundi à vendredi de 9 h ou 9 h 30 à 16 h ou 17 h, certaines fermant un peu plus tard le jeudi.

Magasins: dans les villes principales, les centres commerciaux et supermarchés sont ouverts du lundi au samedi de 9 h à 20 h ou

21 h, ainsi que durant six heures le dimanche. Certains grands supermarchés fonctionnent même 24 h sur 24, 7 jours sur 7. Les autres commerces ferment néanmoins dès 18 h.

Dans les Highlands et sur les îles, les magasins ferment le dimanche; dans les petites villes, ils appliquent souvent un horaire réduit un jour par semaine (fermant généralement le mercredi à 13 h).

Postes: lundi à vendredi de 9 h à 17 h 30, samedi jusqu'à 12 h 30.

Musées et monuments: les variations sont importantes en fonction des saisons et d'une année à l'autre. Vérifiez auprès des Offices du Tourisme ou sur internet.

Langue

La langue officielle est naturellement l'anglais, teintée d'un fort accent écossais; le gaélique est aussi parlé dans les Highlands et sur les îles, et le dialecte écossais dans le sud et le nord-est du pays.

Monnaie

Malgré l'adhésion à l'UE, la Grande-Bretagne a conservé la livre sterling, divisée en 100 *pence* (p). Trois des grandes banques écossaises émettent cependant leurs propres billets (£1, £5, £10, £20, £50 et £100) qui ont cours dans toute l'Ecosse mais ne sont pas acceptés partout en Grande-Bretagne (on peut néanmoins les changer en livres anglaises dans toutes les banques du pays). Les pièces sont de 1, 2, 5, 10, 20 et 50 pence, £1 et £2.

Les cartes de crédit sont bien acceptées et on trouve des distributeurs de billets (ATM) dans presque toutes les banques.

Pourboire

On laisse en général 10 à 15% du montant de la note aux serveurs, aux chauffeurs de taxi et aux guides – et 50p à £1 par jour au personnel des grands hôtels. Dans les pubs, rien de cela, mais il n'est pas interdit, de temps à autre, d'offrir un verre au barman!

Santé

Pour éviter les piqûres d'insectes (et surtout les morsures des moucherons, les célèbres *Highland midges*) qui sévissent au cœur de l'été, prenez un anti-moustiques.

Les traitements hospitaliers sont de bonne qualité mais chers si vous ne disposez pas d'une bonne assurance. En cas d'urgence, les ressortissants suisses et de l'Union européenne en possession d'une carte européenne d'assurance maladie peuvent se faire soigner gratuitement dans un hôpital appartenant au National Health Service.

Si vous êtes sous traitement, emportez suffisamment de médicaments pour la durée de votre séjour, vous pourriez ne pas trouver les mêmes sur place.

Sécurité

En dehors des quelques quartiers à problèmes des grandes villes, l'Ecosse est une destination sûre. Comme partout, il est recommandé de se méfier des pickpockets dans les principaux centres touristiques. Par mesure de précaution, déposez vos objets de valeur dans le coffre de l'hôtel et ne laissez rien en vue dans votre voiture. Conservez des photocopies de vos passeport, billets de transport, permis de conduire et cartes de crédit dans un endroit différent des originaux, ou scannez-les et envoyez-les en pièces jointes à votre adresse e-mail pour pouvoir y accéder en cas de besoin.

Transports publics

Train: le réseau ferré est surtout pratique pour relier les grandes villes – Glasgow, Edimbourg, Stirling, Perth, Dundee et Aberdeen. Cela dit, le West Highland Railway, qui trace sa route entre Glasgow et Mallaig via Fort William, ainsi que d'Inverness à Kyle of Lochalsh, traverse de splendides paysages.

Le *Royal Scotsman* est un véritable palace roulant, qui d'avril à octobre propose sept circuits différents au départ d'Edimbourg (www.royalscotsman.com).

Bus: le plus important réseau routier est celui de Scottish Citylink, dont les bus interurbains sont plus lents, mais meilleur marché que le train. Les zones reculées des Highlands et des îles sont desservies par les minibus postaux (Royal Mail postbuses) sur leurs itinéraires de livraison. Une dizaine de passagers peut monter à bord, un moyen original de parcourir le pays si vous disposez de temps… L'Office national du Tourisme de l'Ecosse vous communiquera la liste des trajets et les horaires. Voir aussi le site internet: www.royalmail.com

Ferry: vital pour bon nombre d'Ecossais, le ferry dessert la soixantaine d'îles habitées et permet de gagner un temps considérable en traversant lochs et bras de mer. La plupart transportent les véhicules, mais il est recommandé de réserver à l'avance pour s'assurer d'une cabine. Caledonian MacBrayne (CalMac pour les intimes) possède un quasi-monopole sur les liaisons entre la côte ouest et les Hébrides; Northlink Ferries et John O' Groats Ferries desservent les Orcades et les Shetland.

Urgences

Le 999 ou le 112 permettent de joindre police, pompiers et services hospitaliers.

Voltage

Les installations électriques sont en 240 volts, 50 cycles; les prises à trois broches. Prévoyez éventuellement un adaptateur.

Scarista
Northton
Drinnishadder
Scalpay
Manish
South Harris
Killegray
Rodel
Renish Point
Gilsay
Lingay
Scaravay
Hermetray
Lochmaddy
Détroit de Minch
Fladda-chùain
Eilean Trodday
Rubha Réidh
Melvaig
N. Erradale
Gairloch
Port Henderson
Red Point
Rubha Hunish
Duntulm
Kilmaluag
Museum of Island Life
Flodigarry
Trotternish
Quiraing
Kilmuir
Staffin
Waternish Point
Uig
Culnaknock
Geary
Trumpan
Loch Snizort
Balnaknock
Garros
Fearnmore
Diaba
Loch Torridon
Stein
Waternish
Dunvegan Head
Lusta
A 87
Glenuachdarach
Island of Rona
Kenmore
Rigg
Galtrigrill
Loch Dunvegan
Greshornish
Storr 719 m
Kalnakill
Claigan
Kingsburgh
Sound of Raasay
Inner
Glasphein
Kensaleyre
Blackhill
Waterstein
Dunvegan
Arnish
Skeabost
Applecross
Ramasaig
Healaval Bheag 488 m
Roag
Portree
Island of Raasay
Sound
Osdale
Toscaig
Mugeary
Raasay Ho.
Idrigill Point
Loch Bracadale
N. Fearns
Fiskavaig
Plockton
Drynoch
Pèinchorran
Carbost
Scalpay
Erbusaig
Talisker Distillery
Sligachan
Kyle
Luib
Kyleakin
Eynort
N
Mer des Hébrides
Minginish
A 87
739 m
Glen Brittle
Cuillin Hills
Broadford
Breakish
Bualintur
Sgurr Alasdair 993 m
Heast
Glenelg
0
10 km
Drumfearn
Kilmarie
Mol-Chlach
Elgol
Ord
Isleornsay
Soay
Sleat
Skye
Cuillin Sound
Tarskavaig
Sound of Sleat
Canna
Garrisdale Point
A Chill
Kilmory
Kilmore
Airor
Sanday
Armadale
Sound of Canna
Kinloch
Aird of Sleat
Océan Atlantique
Mer du Nord
Point of Sleat
Mallaig
Rum
ÉCOSSE
Harris
Bracora
Morar
Loch Morar
IRLANDE DU NORD
Rubha nam Meirleach
Sound of Rum
Cleadale
ANGLETERRE
Eigg
IRLANDE
PAYS DE GALLES
Galmisdale
Druimindarroch
Lochailort
Sound of Eigg
LONDRES
Muck
Port Mór
Roshven

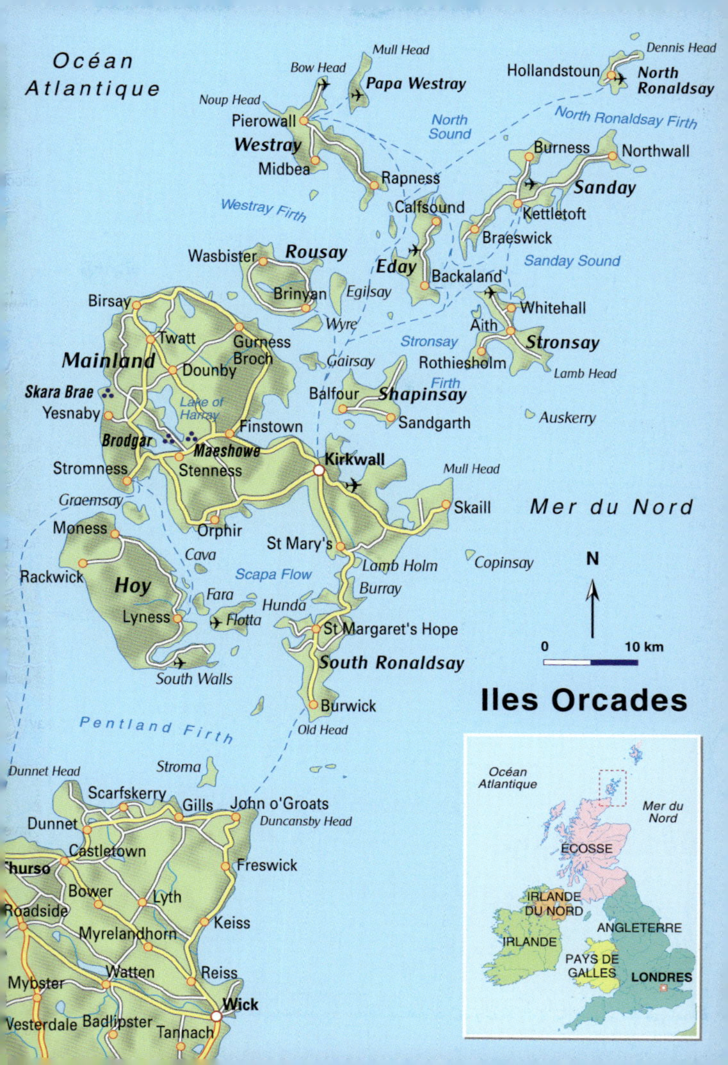
Océan Atlantique
Mull Head
Bow Head
Papa Westray
Dennis Head
Hollandstoun
North Ronaldsay
Noup Head
Pierowall
North Sound
North Ronaldsay Firth
Westray
Burness
Northwall
Midbea
Rapness
Sanday
Westray Firth
Calfsound
Kettletoft
Braeswick
Wasbister
Rousay
Eday
Sanday Sound
Backaland
Brinyan
Egilsay
Birsay
Whitehall
Wyre
Aith
Twatt
Gurness Broch
Stronsay
Stronsay
Mainland
Dounby
Gairsay
Rothiesholm
Firth
Lamb Head
Skara Brae
Balfour
Shapinsay
Yesnaby
Lake of Harray
Auskerry
Sandgarth
Finstown
Brodgar
Maeshowe
Kirkwall
Stromness
Stenness
Mull Head
Graemsay
Skaill
Mer du Nord
Moness
Orphir
St Mary's
Cava
N
Lamb Holm
Copinsay
Rackwick
Scapa Flow
Burray
Hoy
Fara
Hunda
Lyness
Flotta
St Margaret's Hope
0
10 km
South Ronaldsay
South Walls
Burwick
Iles Orcades
Pentland Firth
Old Head
Stroma
Dunnet Head
Océan Atlantique
Scarfskerry
Gills
John o'Groats
Mer du Nord
Dunnet
Duncansby Head
Castletown
ECOSSE
Thurso
Freswick
Bower
Lyth
IRLANDE DU NORD
Roadside
Keiss
Myrelandhorn
ANGLETERRE
IRLANDE
PAYS DE GALLES
Watten
Reiss
LONDRES
Mybster
Wick
Vesterdale
Badlipster
Tannach

Iles Shetland
ÎLES SHETLAND
Océan Atlantique
Mer du Nord
ÉCOSSE
IRLANDE DU NORD
IRLANDE
ANGLETERRE
PAYS DE GALLES
LONDRES
Muckle Flugga
Herma Ness
Burrafirth
Norwick
Unst
Haroldswick
Baltasound
North Neaps
Cullivoe
Uyeasound
Gutcher
Belmont
Uyea
Dalsetter
Brough Lodge
Fetlar
Point of Fethaland
Mid Yell
Hascosay
Isbister
Yell Sound
West Sandwick
Colgrave Sound
Funzie
The Faither
Ronas Hill
450m
Yell
Otterswick
Ollaberry
Ulsta
Burravoe
Esha Ness
Stenness
Toft
Mossbank
Hillswick
Lunna Ness
Out Skerries
Océan Atlantique
Sullom
Hamnavoe
St Magnus Bay
Brae
Lunna
Lunning
Skaw Taing
Muckle Roe
Laxo
Whalsay
Ve Skerries
Voe
Papa Stour
Vementry
Symbister
Burrafirth
Neap
Sandness
Aith
281m
Skellister
Bixter
Tresta
Walls
Lamgarth Head
Witheness
Reawick
Vaila
Culswick
The Deeps
Lerwick
Maryfield
Foula
I. of Noss
Ham
Scalloway
Bressay
Hamnavoe
Fladdabister
West Burra
Mainland
Clift Hills
Cunningsburgh
South Havra
293m
Mousa Broch
Sandwick
0
25 km
St Ninian´s I.
Levenwick
Scousburgh
Loch of Spiggie
Fair Isle
Sumburgh
Lodge & Bird Observatory
N
Fitful Head
Grutness
Jarlshof
Sumburgh
Sumburgh Head
Mer du Nord
Fair I. (40 km)
Stromness (150 km)

Adaptation française
Claude Hervé-Bazin,
Sophie Czaplejewicz

Collaboration éditoriale
Julia Kaufhold

Rédaction
Agnès Curchod, Marie Jampy,
Françoise Caroff

Conception
Karin Palazzolo

Mise en pages
Luc Malherbe, Matias Jolliet

Crédits photographiques
p. 1 istockphoto.com/Brynildsen
p.2 fotolia.com/photolook (cornemuse); istockphoto.com/rfwill (loch Lomond), –/Hansen (balle de golf), –/Chiyacat (sac de golf); flickr.com/Hagdorn (Melrose Abbey)

Cartographie
JPM Publications, Mathieu Germay

Printed in Germany
14844.01.9914
Edition 2011